© Alle Urheberrechte an den Texten und Inhalten von „WEGGEFÄHRTEN" liegen bei Birgit Müller, der Verfasserin des vorgenannten Taschenbuchs und Inhaberin des Einzelunternehmens EUROPRISMA. Dieses Buch darf ohne die vorherige schriftliche Einwilligung der Verfasserin weder als Ganzes noch auszugsweise kopiert, vervielfältigt, vertrieben, verbreitet oder auf sonstige Weise zu Erwerbszwecken verwendet werden.

Weitere Bücher und meinen Blog finden Sie unter:

www.europrisma.de

Dieses Taschenbuch unter der ISBN-Nr. 978-3-00-064905-9 erhältlich. Der Preis beträgt 10,99 €. Auch als E-Book 978-3-00-064935-6 bei Amazon für 7,99 € erhältlich.

WEGGEFÄHRTEN

Eine kleine Dankmusik

von Birgit Müller

I. Vorwort
Ein Gruß an meine Leserinnen und Leser von „EUROPRISMA – Meine Seelenreisen"

An dieser Stelle möchte ich allen Feedbackgeberinnen und -gebern auf www.lovelybooks.de noch einmal ausdrücklich für die rege Beteiligung an der Leserunde danken. Es bedeutet mir viel, weil ich Euch nicht kenne und Ihr mich nicht und Ihr alle dennoch warme und freundliche Worte für mein Werk gefunden habt. So weiß ich, dass ich als Buchautorin/Schriftstellerin tatsächlich etwas tauge und es mir nicht nur einbilde.

Vor allem habe ich mich über den offenen und fairen Austausch von Meinungen, Erfahrungen und Gedanken gefreut, denn genau das habe ich mit meinem Buch erreichen wollen - abgesehen davon, dass es überhaupt gedruckt wird und erscheint.

Nun ist es erschienen und geht seinen Weg, was mehr ist, als viele andere Autorinnen und Autoren aus Leidenschaft erreichen. Neben der Unterstützung durch meinen Webdesigner und Online-Marke-ting-Spezialisten Dr. Matthias Zwiener hatte ich ein gehöriges Quantum Glück – und ich hatte Euch.

Übrigens: Unter dem Künstlernamen „June Forsyte" existiert von mir mein Roman „Die Seehexe – Die Legende der Lady Grey"; meine Jugendsünde, die ich mit dreizehn Jahren begann, mit zwanzig Jahren zu Ende brachte, aber erst gut fünfundzwanzig Jahre später veröffentlichungsreif vollendet habe. Als ich dieses Buch herausbrachte, wollte ich erst einmal sehen, wie es überhaupt ankommt, und mich nicht gleich vor aller Welt in Grund und Boden blamieren.

Nun, auch dieses Buch geht seinen Weg; immerhin hat es bisher 120 Leser/innen gefunden und war schon in Frankfurt und Leipzig. Doch jetzt hole ich es mir von meinem Berliner Verlag zurück und werde es mit Hilfe von Dr. Zwiener und dem Team von Amazon selbst gestalten und an die Frau bzw. den Mann bringen – voraussichtlich gegen Mitte 2020.

Doch so lange müsst Ihr gar nicht auf Neuigkeiten von mir warten, denn zwischen dem 18. und 31. Dezember 2019 ist mein neues Werk „Wegbereiter" entstanden.

Es entspringt einem ähnlichen Bedürfnis wie EUROPRISMA, nur möchte ich diesmal nicht Städten und Ländern danken, in denen ich zu Gast war, sondern einigen Persönlichkeiten und Phänomenen, die mich zu der gemacht haben, die ich heute bin.

Natürlich kann man sagen: Was man wird und was man aus sich macht, liegt bei einem selbst und in der eigenen Verantwortung. Gewiss. Doch zur geistig-seelischen Entwicklung eines Menschen gehören ebenso inspirierende oder gar entscheidende Anstöße und Impulse von außen. Von jenen, die mich unter anderem auch in meiner Entwicklung zur Schriftstellerin am stärksten geprägt haben, möchte ich auf den folgenden Seiten erzählen.

II. Mein Herzensanliegen

Zu meinem Bericht über Ungarn hatte T-Prinzessin angemerkt, dass sich darin im Vergleich zu den anderen Texten eine eher düstere, gedrückte Stimmung niedergeschlagen hat. Meine persönliche Situation habe ich in meiner Antwort kurz umschrieben; aber ich sollte noch etwas zum aktuellen Zeitgeschehen sagen, das sich ebenfalls in meinem Bericht niedergeschlagen hat.

Meine erste Reise an den Balaton und nach Budapest fand im September 2016 statt; die nächste im November 2017. Es war genau die Zeit, in der die Flüchtlingsströme aus dem Nahen Osten drastisch zunahmen, während sie jetzt, im Jahr 2019, zwar abgeflaut sind, aber noch lange nicht zum Stillstand gekommen sind. 2016 und 2017 herrschten an den Grenzübergängen zwischen Deutschland und Österreich chaotische Zustände.

Es war genau die Zeit, in der sich nicht nur Deutschland, Österreich und Ungarn, sondern ganz Europa in zwei Lager aufzuspalten begann.

Die einen waren und sind der Auffassung, man solle und müsse denen helfen, die durch Krieg, Verfolgung und Elend in Not geraten sind, und rufen dazu auf, dass alle ihren Beitrag leisten und ein wenig Platz machen sollen für jene, die ihn dringend brauchen.

Die anderen sagten und sagen, dass kein Land in Europa so viel Platz und Kapazitäten hat, um allen zu helfen, und warnen vor einer Verfremdung und Übernahme des christlichen Abendlandes durch das islamische Morgenland.

In Ungarn wurde darüber genauso heftig und erbittert diskutiert wie in Deutschland und anderswo in Europa; nur ging Ungarn ebenso wie Serbien über das bloße Warnen hinaus und baute die Gräben, Stacheldrahtzäune und Barrikaden wieder auf, die es 1989 an den Grenzen niedergerissen hatte.

Seit 2015 ist die Stimmung in Europa quer durch alle Bevölkerungsschichten hindurch düsterer, härter, kälter und rauer geworden, vor allem, seit Trolle und Radikale jeglicher Couleur das

Internet und die dazugehörigen Social Media-Kanäle nutzen, um mit vor Pessimismus, Zynismus und Hass triefenden Parolen Menschen zu verärgern, zu verbittern und gegeneinander aufzuhetzen.

Diese Trolle und Radikale sind so etwas wie ein neues HIV-Virus. Sie durchwandern und verseuchen alle, aber auch alle Lebensbereiche. Was an sich etwas Gutes und Positives ist - Werte und Ideale, aber auch die Kreativität und Mannigfaltigkeit des menschlichen Geistes und auch die Fähigkeit des Menschen zu tief empfundenen Gefühlen, Wünschen und Sehnsüchten - verdrehen sie mit gezielt platzierten Giftpfeilen ins Gegenteil und treffen bei jedem, der irgendeine Sache oder irgendein Gefühl ernst meint und gute Gründe dafür hat, voll ins Schwarze, so dass er aus der Tiefe seines Wesens dagegen zurückschlägt.

Das nützen sie aus, diese menschlichen HIV-Viren, und sind drauf und dran, Menschen zu vernichten, indem sie sie gegeneinander aufhetzen. Islamisten gegen Neonazis, Linke gegen Rechte, Werteverteidiger gegen Neokapitalisten, Analoge gegen Digitale... Sucht euch irgendwelche Gegenpole aus, sie rücken immer härter und unversöhnlicher aneinander!

Wenn wir nicht aufpassen, haben wir bald Verhältnisse wie in den letzten Jahren der Weimarer Republik, die in eine Diktatur mündeten und letzten Endes in den Zweiten Weltkrieg führten. Meine Großeltern haben all dies erlebt!

Diese Tendenzen sind nicht spurlos an mir vorbeigegangen. Ich habe so gut wie keinen Einfluss und in jeder Hinsicht wenige Mittel, aber wenigstens will ich von dem Mittel Gebrauch machen, das seit jeher mein Element war und ist: das geschriebene Wort.

Wo die öffentliche Meinung fast nur noch zankt, hetzt oder getroffen aufschreit, möchte ich Menschen und Gestalten vorstellen, die mit ihrem Schaffen, ja, ihrem ganzen Sein dazu beigetragen haben, die Welt – zumindest meine persönliche kleine Welt - ein wenig schöner und lohnender zu machen und deren Wirken und Einfluss uns auch in dieser unserer Zeit beistehen kann, wenn wir es zulassen.

Solange es noch Menschen gibt, die friedlich, offen und aufgeschlossen aufeinander zugehen und Meinungen, Erfahrungen, Gedanken und Träume austauschen möchten, werde ich alles tun, was in meinen

Kräften steht, um zum Dialog, zum Positiven und zum Frieden beizutragen.

Auf der Grundlage dieses Buches möchte ich zugleich im Internet eine Plattform einrichten, in dem wir uns frei, offen und friedlich über das austauschen können, was uns gefällt, inspiriert oder gar be-eindruckt. Über einen regen Austausch von Gedanken, Ideen, Eindrücken und Erfahrungen würde ich mich freuen!

WEGGEFÄHRTEN -
Inhalt

Cover	Seite	1
Ein Gruß an meine Leserinnen und Leser	Seite	3
Mein Herzensanliegen	Seite	5
Inhalt	Seite	8
1. I Want To Break Free -	Seite	10
2. Die Star Wars Saga	Seite	14
3. I Can't Live With Or Without You – Paul Simon und Art Garfunkel	Seite	25
4. Ha-Hm! Lord Horatio Hornblower, Viscount of Smallbridge	Seite	34
5. No Coward Soul Is Mine - Die Schwestern Brontë und Stefan Zweig	Seite	47
6. Freude an der Musik - Leonard Bernstein	Seite	55
7. I'm Never Ever Saying Goodbye - Freddie Mercury und Queen	Seite	70
8. Gracias A La Vida - Frida Kahlo!	Seite	81
9. WAY-AY-O! - Bob Marley	Seite	89
10. In einem unbekannten Land... - Mein kleiner Tribut für Karel Gott	Seite	97

WEGGEFÄHRTEN

I Want to Break Free

Nach meinem Geburtsjahr gehöre ich der Generation Queen an und bin mit *We Will Rock You* und *We Are the Champions* aufgewachsen. Die vier Jungs von Queen lieferten Jahr für Jahr mindestens einen Hit, der einschlug und den bald jede und jeder kannte, so zuverlässig wie der Westminster-Schlag des Big Ben in London. Und wenn es jemals kreative Freigeister gegeben hat, die alles Mögliche und Unmögliche ausprobiert und sich einen Dreck um die öffentliche Meinung geschert haben, dann waren es alle vier.

Nein, diesen vier Jungs schien nichts und niemand etwas anhaben zu können. Sie waren immer da und schienen sich bester Gesundheit zu erfreuen - bis zu jenen zwei Schreckenstagen im November des Jahres 1991… Doch auf die Rolle, die die Musik von Queen und besonders Freddie Mercury in meinem Leben gespielt hat und noch immer spielt, komme ich an geeigneter Stelle noch ausführlich zu sprechen.

Im Jahr 1984, als ich sechzehn Jahre alt war, kam das Album *The Works* heraus. Es war die Zeit, in der zur Musik nicht mehr primär das Hören, sondern auch das Sehen gehörte. Jede Band, die wahrgenommen werden wollte, drehte zu einem Song ein Video. Manche Musikvideos waren einfache Konzertmitschnitte, andere - gerade in der Anfangszeit - wahre Kunstwerke.

Für das Video zu *I Want To Break Fre*e hatten sich die vier Jungs von Queen etwas Besonderes einfallen lassen. Sie warfen sich in Frauenkleider und verwandelten sich in eine WG frustrierter Hausfrauen: Brian May mit Lockenwicklern und in Puschelschuhen, John Deacon als alte Jungfer, deren finstere, missbilligende Blicke Bände sprachen, Roger Taylor als Teenie in Schuluniform und mit langen blonden Locken, und schließlich Freddie Mercury, der in Netzstrümpfen und Leder-Minirock den Staubsauger schwang.

Er ist schuld, dass heute noch gelegentlich dieses Bild vor meinem inneren Auge auftaucht, wenn ich einen Staubsauger anfasse!

Von Party-Gewohnheiten in homosexuellen Kreisen und Drag Queens hatte ich mit sechzehn Jahren nicht die leiseste Ahnung - davon bekamen wir auf dem Land nichts zu hören und zu sehen -, und welche Kontroversen dieses Video in Großbritannien und den USA auslöste und warum, habe ich erst Jahre später verstanden.

Für mich sah der Anfang wie ein Kindergeburtstag oder eine Faschingsparty aus, bei der sich Jungs als Mädchen verkleiden, weil es ihnen schlicht und einfach Spaß macht. Und so sahen die vier auch dabei aus.

Doch wie die meisten guten Lieder von Queen hat auch *I Want to Break Free* mehrere Schichten.

Der Anfang des Videos dürfte wohl manch einer Hausfrau, die in der Küche spült, putzt und Staub saugt, aus der Seele sprechen.

Der Schlussteil stellt wohl eine Massenorgie dar, in der die sexuelle Freiheit gefeiert wird. Mag sein, dass ein Teil der Welt das damals als einen Aufruf zur Zügellosigkeit verstand und daran Anstoß nahm.

Im Mittelteil stehen die vier umringt von einem Heer schwarz uniformierter, gesichtsloser Gestalten, von denen Freddie Mercury erdrückt, ja halb erwürgt zu werden scheint, was viele über den anderen Bildern vergessen.

Wer je als Schwächerer, Unterlegener von anderen Menschen unterdrückt und ausgebeutet wurde oder wer, ohne es zu wollen oder auch nur gefragt zu werden, Teil eines kalten, unpersönlichen Systems ist, das mit Zwängen, Drohungen und Druckmitteln herrscht, weiß, wie es sich anfühlt, in Ketten zu liegen; ihre oder seine Seele schreit danach, aus den Ketten auszubrechen.

Ein Schrei, den alle Unterdrückten dieser Welt kennen und verstehen, so dass das Lied zur inoffiziellen Hymne der Anti-Apartheid-Kämpfer Südafrikas und der Widerstandskämpfer gegen die Militärjunta in Argentinien und Chile wurde.

Etwa acht Jahre später tauchte *I Want to Break Free* noch einmal auf. Wortlaut und Melodie waren bei diesem Lied anders, und geschrieben und gesungen hat es Barby Kelly von der bis heute bekannten und beliebten Kelly Family.

Auch wenn sie bei ihren Auftritten auf den großen Konzertbühnen von ihrer ganzen Familie geschützt und mitgetragen wurde, war der Starrummel, das Leben in der Öffentlichkeit und vor allem die Hysterie der Fans, die Anfang der 1990er Jahre um die Kelly Family einsetzte, für Barby Kelly ein Gift, das sie krank machte. Bis heute lebt sie zurückgezogen unter der Fürsorge und dem Schutz ihrer Geschwister.

Doch damals, als sie ihr Lied schrieb und sang, war sie ein zartes, elfenhaftes blondes Mädchen mit einer mächtigen, glockenklaren, vibrierenden Stimme und demselben großen künstlerischen Potential wie ihre Brüder und Schwestern. Und eines kann ihr niemand nehmen: dass ihr Lied mit denselben Worten beginnt und dasselbe ausdrückt *wie I Want to Break Free.*

Sei es, wie es sei: Mich hat die Erinnerung an dieses Lied früher oder später immer fortgetrieben, wenn ich mich eingesperrt oder eingezwängt fühlte. Und wo ich Unfreiheit und Ungerechtigkeit spüre, die Menschen oder einem Volk angetan wird, ruft mich dieses Lied auf, für die Unterdrückten, Gequälten die Stimme zu erheben. Es scheint, als würde der Kampf um und für die Freiheit des Geistes und der Seele für mich bis ans Ende meiner Tage weitergehen...

2. Die Star Wars-Saga

Darth Vader: „Ergib dich der dunklen Seite der Macht!" - Luke Skywalker „Nein! Niemals!"

Es gibt Lieder oder Musikstücke, bei denen man erschrickt und zusammenzuckt, wenn man sie zum ersten Mal hört, weil sie gleich mit dem ersten Ton in voller Lautstärke herausplatzen. Wenn bei uns in Bayern jemand erschrickt und zusammenzuckt, sagt die- oder derjenige: „Mich hat's gerissen." Zwei solche Stücke kenne ich inzwischen ganz genau, und trotzdem reißt es mich heute noch bei den ersten Tönen, weil sie mir im positiven Sinn durch Mark und Bein gehen.

Das eine ist

„NAN TS'NGONYA MA BAKITHI BABA";

die Worte, mit denen das Lied *Der ewige Kreis* und der Film *Der König der Löwen* beginnt, wenn die Stimme des Sängers klar, stark und durchdringend wie die aufgehende Sonne selbst durch die Dunkelheit schneidet.

Das andere Stück beginnt immer so: Erst ist es ganz still, man sieht nur das glitzernde, funkelnde Sternenmeer in der unendlichen Weite, Tiefe und Schwärze des Alls.

Und dann, volle Kanne und mit einem Schlag, schmettern die Trompeten und Posaunen der *Star Wars*-Fanfare los, reißen einen mit einem Ruck direkt ins Weltall hinein, und man weiß: Auf geht's in ein neues Abenteuer vor langer Zeit in einer Galaxis weit entfernt, das einen von diesem Moment an bis zum Ende nicht loslässt.

Vom ersten Film dieser Reihe, der bei der Urausstrahlung 1978 in Deutschland noch *Krieg der Sterne* hieß, blieben mir als zehnjährigem Kind drei Dinge in Erinnerung:

- Die atemberaubende, halsbrecherische Flucht von Luke Skywalker und Prinzessin Leia quer durch das Innere des Todessterns und mit Han Solo und seinem *Millennium Falcon* hinaus ins Freie.

Von diesem Tag an wollte ich eine Prinzessin sein, die schießt, kämpft und ein Raumfahrzeug mitsteuert, anstatt zu kochen, zu putzen und zu nähen.

- Der Anflug des Rebellen-Geschwaders auf den Todesstern und das Gefecht in der unendlichen Schwärze und Leere des Alls.

  Ich war dabei, saß in Luke Skywalkers X-Jäger und schoss gemeinsam mit ihm in den Zielgraben hinab.

- Der unheimliche schwarze Ritter namens Darth Vader, Schwarzer Lord der Sith.

  Was war und ist eigentlich so unheimlich an ihm, dass man keine anderen Monster mehr braucht, sobald dieser wandelnde Alptraum aus Metall, Kunststoff und Elektroden auf der Bildfläche erscheint?

Ist es die riesige, hoch aufragende Gestalt in Schwarz, von der ich zuerst lange Zeit dachte, sie wäre ein Roboter? So abwegig war der Gedanke damals nicht. Auch Grag, der Roboter aus der Serie *Captain Future,* besteht genauso aus Metall, Kunststoff und Elektroden wie C-3PO und R2-D2, und alle sind fähig, eigenständig zu denken und zu handeln.

Den zweiten Teil, *Das Imperium schlägt zurück*, durfte ich nicht sehen, nur in der Fernsehzeitschrift als Foto-roman lesen. Am Ende dachte ich: „Was? Darth Vader soll Lukes Vater sein? Wie kann *eine Maschine* über-haupt Vater von irgendjemandem sein?

Erst im dritten Teil, *Die Rückkehr der Jedi-Ritter*, habe ich gemeinsam mit Luke Skywalker kapiert, dass von dem ehemaligen Jedi-Ritter Anakin Skywalker nach dem Laserschwert-Duell mit Obi-Wan Kenobi und seinem Bad in der Lava eines aktiven Vulkans ein paar sterbliche Reste übrig geblieben waren, die auf Befehl des Imperators mit Hilfe mechanischer Ersatzteile und einem elektronischen Steuerungssystem, das seine wesentlichen Körperfunktionen regelte, am Leben gehalten wurden.

Das heißt, die sterblichen Überreste eines Menschen waren dreiundzwanzig Jahre lang - Luke Skywalkers Leben lang - in einem elektronisch aufgemotzten Kampfpanzer und einer Helmmaske eingesperrt, ohne die er nicht hätte überleben können. - *Auf diese Art und Weise hätte ich nicht einmal eine Woche leben wollen!*

Ist es also diese grausige, abgrundtief grimmig aussehende Maske, vor der einem graut? Mir als Kind schon.

Einmal besuchte ich das japanische Kirschblütenfest, das jedes Jahr rund um das Teehaus im Englischen Garten stattfindet und unter anderem traditionelle Tänze von Geishas und Kampftechniken von Martial Arts-Kämpfern zeigt.

Beim Kendo-Stockfechten gingen zwei Samurai in voller Kampfpanzerung und mit hoch erhobenen Holzstäben aufeinander los. Als ich sie sah, schoss es mir durch den Kopf: „Hä?! Die sehen ja aus wie Darth Vader mal zwei, samt Maschkera, Helm und Kampfpanzer!" Also gab es für dieses Modell ein irdisches Vorbild…

Oder sind es seine elektronisch gesteuerten und mechanisch ausgelösten, immer gleichbleibenden Atemzüge, die jeder wiedergeben kann, der sie einmal gehört hat? Die weniger ein Atmen als das Wehen eines schwarzen, eisigen Windes sind, grausam in seiner absoluten Gefühllosigkeit?

Als ich erfuhr, dass diese Atemzüge mittels einer einfachen Tauchermaske erzeugt werden können, war ich doch erheblich beruhigt. So gesehen atmet jeder, der mit Flaschen taucht, auf dieselbe Weise und im gleichen Ton wie Darth Vader!

Oder seine wie aus einem abgrundtiefen Schacht hallende Grabesstimme, wenn er sagt: **„Ergüb düch dör dunklen Soite dör Mocht!"** Da hat James Earl Jones im Original und Heinz Petruo als seine deutsche Synchronstimme hervorragende Arbeit geleistet!

Wie auch immer: Von Anfang an lässt Darth Vader nicht den geringsten Zweifel daran, dass er das absolut Böse ist. Was ist die dunkle Seite der Macht? Wer ihn sieht, fragt nicht mehr; er weiß es.

Vielleicht braucht man als Kind und junger Mensch einen solchen Bösewicht, um ganz genau zu wissen, was man nicht werden und niemals sein will. Für mich war der Fall klar: eine Maschine.

In den 1980er Jahren gab es das Lied *Mr. Roboto* von Styx. Es handelt davon, dass sich ein Mensch als Roboter getarnt in eine Armee feindseliger Roboter einschleicht, die Menschen unterdrücken und als Sklaven halten, um ihre Schwachstellen herauszufinden. Die ersten Worte des Liedes „Domo arigato, Mr. Roboto" gelten seiner Tarnung aus Metall und Kunststoff, die ihm hilft, inmitten der Roboter zu überleben, bis er genug über sie weiß und gelernt hat, um sie zu besiegen.

Dieses Lied war gewissermaßen die Antithese zu Darth Vader. Wie habe ich am Ende des Liedes den Moment geliebt, wenn der Sänger sich die imaginäre Maske vom Kopf reißt, sie zu Boden schleudert und den Robotern, die er fertig macht, triumphierend entgegenruft: **„I'm Killroy! Killroy! Killroy!"** Mit anderen Worten: **„Ich bin ein Mensch, keine Maschine!"**

Aber für mich ist das noch Erschreckendere an Darth Vader, dass er einmal eine schöne, durch und durch liebenswerte Frau hatte und zwei sympathische, anständige, unschuldige Kinder hat: die Zwillinge Luke und Leia.

Kurz nach ihrer Geburt und dem Tod ihrer Mutter Padme Amidala werden sie sofort voneinander getrennt und wachsen in völlig verschiedenen Umfeldern auf, um sie vor dem Zugriff des Imperators Darth Sidious, zuvor als Kanzler Palpatine vom Planeten Naboo bekannt, und ihres eigenen Vaters Anakin Skywalker, nunmehr Darth Vader, zu schützen.

Leia wird von Vizekönig Bail Organa vom Planeten Alderaan adoptiert; aus ihr wird eine Prinzessin. Luke wächst bei seinem Onkel, dem Feuchtfarmer Owen Lars, und seiner Tante Beru auf dem Wüstenplaneten Tatooine auf.

Luke Skywalker, ein freundlicher, ahnungsloser Junge, der nichts kennt und spürt als die Sehnsucht, seinen staubigen, trostlosen Heimatplaneten zu verlassen und in die Weiten des Alls hinauszufliegen, um Abenteuer zu bestehen und sich zu bewähren...

Bis Luke mit seinem Onkel Owen eines Tages bei einem Besuch von Jawas - einem kleinen Volk von fliegenden Händlern, die mit riesigen Sandgleitern von Siedlung zu Siedlung ziehen und Metallwaren aller Art verkaufen- zwei Roboter kauft, C-3PO und R2-D2, die von einem Rebellenschiff geflohen und auf Tatooine notgelandet sind.

R2-D2 hat zuvor von Prinzessin Leia die Pläne des Todessterns eingespeist bekommen und soll sie einem Obi-Wan Kenobi übergeben, ein ehemaliger General und Jedi-Ritter, der in der endlosen Wüstenödnis von Tatooine lebt. Um seinem Auftrag nachzukommen und ihn zu suchen, zieht R2-D2 eines Nachts auf eigene Faust los.

Luke fährt gemeinsam mit C-3PO per Sandgleiter in die Wüste hinaus, um den abtrünnigen kleinen Roboter zu suchen. Dabei werden sie von Tusken angegriffen, einem räuberischen Nomadenvolk, das ebenfalls in den Wüsten von Tatooine lebt. Angehörige der Tusken haben einst Shmi Skywalker geraubt, verschleppt und auf bestialische Weise langsam zu Tode geschunden. Ihr Sohn Anakin konnte sie zwar aus ihrer Gewalt befreien, ihren Tod aber nicht mehr verhindern.

Es ist kein Geringerer als Obi-Wan Kenobi, der Luke und die Roboter vor den Tusken rettet. Er erzählt Luke, dass sein Vater Anakin Skywalker einst Jedi-Ritter gewesen und von einem jungen Jedi namens Darth Vader umgebracht worden sei.

Auch ist es Obi-Wan Kenobi, der Luke erstmals mit dem Begriff der *Macht* vertraut macht: Es gibt ein Energiefeld, das jedes Lebewesen und jedes Element auf jedem Planeten umhüllt und durchdringt und das, wenn man es zu nutzen und anzuwenden versteht, erstaunliche, ja unglaubliche Dinge bewirken kann.

Er kann Luke aber nur die ersten Grundbegriffe erklären, für mehr bleibt keine Zeit. Denn sie müssen Prinzessin Leia vom Todesstern retten und mit ihr die Pläne zum Rebellenstützpunkt bringen, um diese gigantische Zerstörungsmaschine besiegen zu können.

Auf der Flucht aus dem Inneren des Todessterns wird Obi-Wan Kenobi von Darth Vader getötet, erlangt aber als Geistwesen eine weit höhere Macht als in seiner sterblichen Hülle und steht nach seinem leiblichen Tod Luke immer wieder bei.

Mir war und ist Obi-Wan Kenobi seit jeher sympathischer als Meister Yoda, so alt und weise dieser auch sein mag. Denn er ist menschlicher und hat Schwächen.

Er lügt, weil er Luke nicht mehr als nötig verletzen und überfordern will. Und anders als Luke ist er nicht mehr fähig und willens zu glauben, dass in Darth Vader noch ein Funke von Anakin Skywalker lebt. Dazu hat er zu viel von ihm gesehen, seit er sich der dunklen Seite der Macht zuwandte. Für Kenobi ist sein ehemaliger Freund und Jedi-Padawan nichts als eine gefühllose, teuflische Maschine, was jedes Kind nachvollziehen kann, das die ersten beiden Teile der *Star Wars*-Saga gesehen hat.

Aber Meister Yoda? Gewiss lehrt er Luke am Ende seines 900 Jahre während Lebens die wichtigen Worte:

„Furcht, Zorn, Hass, aggressive Gefühle – die dunkle Seite der Macht sie sind. Lässt du dich von ihnen leiten, deinen Weg sie werden bestimmen für immer, und das Schicksal deines Vaters wirst erleiden du."

Diese Worte vergisst man nicht, kann sie auswendig mitsprechen.

Doch in Yodas Weisheit liegt zuweilen etwas ebenso Grausames und Unbarmherziges wie in Darth Vader insgesamt. Man beobachte einmal genau, wie sich sein Gesicht verändert, wenn Luke ihm versichert: „Ich habe keine Angst" und Yoda darauf sagt: *„Doch. Du wirst Angst haben."*

Und als Anakin Skywalker vom Rat der Jedi auf seine Fähigkeiten geprüft wird, nimmt Yoda ihn vor versammelter Mannschaft gnadenlos auseinander und stellt ihn bloß.

Man stelle sich die Situation vor: Ein neunjähriger Junge, der nichts kennt als seinen heißen Heimatplaneten, wird mit einem Schlag in die Kälte des Alls versetzt. Zwar hat er früh gelernt, sich allein zu behaupten, und verfügt über erstaunliches Talent und Geschick als Pilot, aber er gerät in eine ihm völlig fremde Welt. Und er hat sich von seiner Mutter getrennt und weiß nicht, ob er sie wiedersehen wird.

Und da wirft ihm Meister Yoda seine Angst vor und droht ihm, dass er damit bereits auf dem Weg zum Bösen ist? *„Angst führt zu Wut. Wut führt zu Hass. Hass führt zu unsagbarem Leid."* Das Kind, das in dieser Situation nicht noch mehr Angst bekäme, möchte ich sehen!

Wenn ein intelligenter, hochbegabter kleiner Junge, der als große Hoffnung der Galaxie gehandelt wird, zum abgrundtief Bösen wird, müssen bei seiner Entwicklung mehrere Dinge gewaltig schief laufen…

Meiner bescheidenen Meinung nach war es Anakin Skywalkers Verhängnis, dass er seinen warmherzigen, verständnisvollen Meister Qui-Gon Jinn zu früh verloren hat der ihn zum Jedi hatte ausbilden wollen. Qui-Gon Jinn hätte für Anakin der Vater sein können, den er nie hatte und dringend gebraucht hätte. Obi-Wan Kenobi, der seinen letzten Willen erfüllt und Anakin als Padawan unter seine Fittiche genommen hat, war dafür mit seinen gerade einmal zwanzig Jahren zu jung.

„Hätte, hätte, Fahrradkette!" Leider kam es anders.

Obi-Wan Kenobi aber *ist* für Luke sein nicht vorhandener Vater. Wenn man ihm eines vorwerfen kann, dann dies: dass er Luke die Wahrheit immer noch verschweigt, als er aufbricht, um seine Freunde vor Darth Vader zu retten und sich ihm im Duell zu stellen.

Aber so? Man stelle sich wiederum die Situation vor: Luke tritt in Darth Vader dem System, dem Prinzip gegenüber, das er aus tiefster Seele verabscheut und mit aller Macht bekämpft. Er hält sich für stark und mächtig genug, das Böse, das der Schwarze Lord für ihn verkörpert, für immer in Grund und Boden zu stampfen und zu vernichten.

Und da schleudert ihm dieser die Wahrheit ins Gesicht: „*Nein. Ich bin dein Vater.*" Sein Vater. Sein genetisches Erbe. Also ist das, was Luke mit aller Macht bekämpft, *ein Teil seiner selbst…*

In diesem Moment, da er ganz allein auf sich gestellt ist, zeigt Luke seine wahre Größe. Die Wahrheit kann er nicht leugnen. Aber er kann sich weigern, zu werden, was er auf keinen Fall werden will, kann sich davon abwenden.

Darth Vader – Anakin Skywalker – will seinen Sohn auf die dunkle Seite der Macht hinüberziehen und mit ihm gemeinsam über das Imperium herrschen.

Luke weigert sich weiter, verliert im Kampf gegen ihn seine rechte Hand, krallt sich gerade noch mit der anderen an einem Balken fest.

Gerettet wird er von Prinzessin Leia, die seine Not und die Gefahr, in der er schwebt, in diesem Moment spürt - und von Lando Calrissian, dem Gouverneur von Bespin, der mit Lord Vader einen Deal abgeschlossen hat, um sich das Imperium vom Leib zu halten, aber noch rechtzeitig begreift, dass er bei diesem Deal nur verlieren kann.

Luke wird zum Stützpunkt der Rebellen gebracht, wo er sich erholt und eine mechanisch-elektronische Hand angemessen bekommt. Doch der Kampf ist damit noch lange nicht vorbei.

Der teuflische Imperator Darth Sidious, der Anakin Skywalker geködert und verführt, ihn in die grässliche mechanisch-elektronische Hülle gesteckt und gleichermaßen zum General des Imperiums und zu seinem von ihm abhängigen Sklaven gemacht hat, zwingt Vater und Sohn in ein Duell. Luke soll den Platz seines Vaters auf der dunklen Seite der Macht einnehmen.

Luke sträubt sich, weigert sich mit aller Macht, in ein Leben gezerrt zu werden, das er nicht will. Sein Vater zerrt von der anderen Seite, will seinen Sohn für sich gewinnen, weil er glaubt, dass die dunkle Seite der Macht die stärkere ist. Doch noch immer leistet Luke Widerstand, will weder vom Imperator noch von seinem Vater für ihre Machtspiele benutzt werden.

Und da – man kann es nicht anders sagen – reitet der Teufel Darth Vader. Fast nebenbei sagt er: „Deine Schwester. Solltest du dich nicht zur dunklen Seite bekehren lassen, gelingt es uns vielleicht mit ihr."

Leia? Seine Zwillingsschwester, die zwar das genetische Erbe ihres Vaters und einen Teil seiner Begabungen mitbekommen hat, aber in ihrem Wesen unschuldig geblieben ist, sich bisher von nichts und niemandem korrumpieren ließ?

Dieser Gedanke ist es, der Luke ausrasten und wie ein Tier auf seinen Vater losgehen lässt. Wie von Sinnen drischt er mit dem Laserschwert auf ihn ein, bis es in seinen Fechtarm schneidet und seine mechanisch-elektronische Hand abtrennt.

In diesem Moment sieht Luke seine eigene, ebenfalls mechanisch-elektronische Hand. *Noch ein Hieb mit dem Laserschwert, und er verwandelt sich in Darth Vader!*

Dieser Moment ist es, der Luke zur Besinnung bringt. Er steckt sein Laserschwert ein.

„Ihr habt verloren," sagt er in absoluter Ruhe und Klarheit zum Imperator. „Ich bin ein Jedi wie mein Vater vor mir. Nie werdet Ihr mich zur dunklen Seite der Macht bekehren."

Seine Entscheidung – und die Tatsache, dass Darth Sidious beginnt, seinen Sohn mit Energieblitzen langsam zu Tode zu grillen –, verleiht Anakin Skywalker die Kraft, gleich seinem Sohn über sich hinauszuwachsen und sich von den Sklavenketten des Imperators zu befreien, auch wenn es ihm das Leben kostet. Doch seine Seele – oder sagen wir, ihr letzter guter Kern - ist gerettet.

Auch ich kenne die dunkle Seite der Macht. Auch ich kämpfe und ringe schon mein Leben lang mit ihr.

Einmal gab es eine Sonderausstellung mit Artefakten und Sammelstücken aus dem *Star Wars*-Universum in der kleinen Olympiahalle, die ich mir angesehen habe. Sie stand unter dem Motto: „Welche Mächte formen dich?" und war eine kleine kompakte philosophische Reise zu der Frage: „Wer und was bestimmt, wer wir sind?"

Die Ausstellung als Ganzes sagt:

„Es sind die Wesenszüge und Eigenschaften, die in der Persönlichkeit angelegt sind und sich im Lauf des Lebens mehr oder weniger stark entwickeln: das Grundmaterial und was der Lauf des Lebens daraus formt.

Es ist das Umfeld, die Umgebung und die Menschen um einen herum: die Einflüsse, denen man sich nicht entziehen kann.

Und es sind unsere Entscheidungen in der jeweiligen Situation: die bei uns liegen und die zu treffen wir aufgefordert sind."

Wenn sich der Besucher auf die philosophische Reise einlässt, werden ihm von Station zu Station verschiedene Fragen gestellt. Hat er das Ende der Ausstellung erreicht, bekommt er eine Persönlichkeit als kleine Karte aus-gedruckt, die einer Figur aus dem Star Wars-Universum am nächsten kommt. Bei mir war es Ahsoka Tano, die – bevor sich Anakin Skywalker der dunklen Seite zuwandte – sein Jedi-Padawan war.

Ahsoka Tano ist manchmal wütend, schießt über das Ziel hinaus, ist ungeschickt oder baut Mist. Und wie Prinzessin Leia ist sie eine, die jemanden, der sie gewaltsam an sich fesseln will, mit seiner eigenen Kette erwürgt und sich so aus der Gefangenschaft befreit. Doch für sie steht es außer Frage, dass sie Jedi-Ritter ist und bleiben will.

Und dann ist der Besucher aufgefordert, für sich selbst die Entscheidung zu treffen:

Jedi-Ritter und lichte Seite der Macht: Grüner Knopf. – Sith-Lord und dunkle Seite der Macht: Roter Knopf.

Meine Entscheidung war klar und stand fest. Ich nahm Anlauf, rannte auf den grünen Knopf zu und drückte ihn.

Also gehöre ich zu den Jedi. Der Kampf gegen die dunkle Seite endet nicht, bis vielleicht eines Tages eine neue Schöpfung entsteht. Doch ich hoffe, dass ich mich im Zweifelsfall immer dafür entscheiden werde, ein Jedi zu bleiben.

Übrigens, wer durch die Stadt geht und die eine oder andere junge Frau oder den einen oder anderen jungen Mann mit einem kleinen Haarknoten oder zweien auf dem Kopf sieht: Auch sie oder er ist ein Jedi-Ritter, nur getarnt…

3. I Can't Live With Or Without You

Paul Simon und Art Garfunkel

Selten ist Musik im menschlichen Leben so wichtig, ja überlebenswichtig wie in der Zeit zwischen dem drei-zehnten und zweiundzwanzigsten Lebensjahr, in der man die Schule und ein Studium bzw. eine Ausbildung absolviert. Es ist die Zeit, in der man in jeder Hinsicht noch nicht fertig ist: Alles ist offen, nichts ist entschieden.

Musik mildert die Achterbahnfahrt der Gefühle in dieser Zeit ein wenig, wenn sie sie auch nie ganz zu beseitigen vermag. Sie hilft, Fragmente des inneren Auf- und Umbruchs zum Ausdruck zu bringen und dann und wann in Bahnen zu lenken, die sich für einen richtig anfühlen.

Vielleicht ist das der Grund, weshalb sich junge Menschen zwischen dreizehn und zweiundzwanzig Jahren nie ausschließlich für die Musik ihrer Zeit interessieren, sondern in der Musikgeschichte meist um eine Generation zurückgehen. Sie suchen Vorbilder aus einer Zeit, die ihnen sinnvoller und besser vorkommt als die, in der sie leben. Ihre Vorbilder dienen ihnen als Folie, um sich an ihnen zu orientieren und ihr eigenes Wertesystem an ihnen auszurichten.

Zugleich wissen diese jungen Menschen ganz genau, dass es ihre Vorbilder heute nicht mehr oder zumindest nicht mehr so wie damals gibt, dass sie ihnen in unerreichbare Ferne gerückt sind. Auch das hat seinen Sinn: Allein an sich und den Menschen, die sich mit einem auf gleicher Ebene befinden, wächst man nicht; man muss nach oben sehen.

Unsere junge Generation dürfte sich momentan neben der aktuellen Musik für die von Queen, The Police bzw. Sting, Michael Jackson, Whitney Houston etc. interessieren.

Als ich fünfzehn, sechzehn Jahre alt war, interessierten wir – d.h. die Mitschülerinnen aus meiner Klasse und ich uns für die Musik der 1960er Jahre, hauptsächlich die Protestsängerinnen und Sänger zur Zeit des Viet-namkrieges: Joan Baez, Bob Dylan, Donovan, auch John Lennon und die Plastic Band, sie waren unser Fall.

Doch die beiden, die uns besser als alle anderen Protest- und Folkgrößen dieser Zeit zu verstehen und uns direkt anzusprechen schienen, waren Simon & Garfunkel.

Seltsam, denn eigentlich waren und sind diese zwei für das, was wir Deutsche unter typisch amerikanischer Musik verstehen, ganz und gar untypisch. Für uns ist amerikanische Musik in erster Linie laut, knallig und setzt auf Effekte und jede Menge Glitzer.

Und da stehen zwei Männer auf der Bühne, haben nichts als eine Gitarre und ihre Stimmen und sind nie laut, manchmal sogar sehr leise.

Nur selten platzen die beiden mit einer musikalischen Phrase heraus, machen nie eine Show, von Glitzer ganz zu schweigen.

Doch nur wenige Stimmen passen so perfekt zusammen wie die von Paul Simon und Art Garfunkel, allenfalls die beiden Everly Brothers vor ihnen. Und nur wenige Stimmen breiten vor den Ohren und drumherum einen derart weichen und warmen Kuschelteppich zum Hineinlegen und Sich-Wohlfühlen aus.

Und so wurden wir ihrer stillen, leisen, unaufdringlichen Songs nie überdrüssig, hörten sie wieder und immer wieder, bis sie nach und nach Teil unseres Bewusstseins wurden. Vor allem aber sprachen Simon & Garfunkel uns mit *Homeward Bound, An American Tune* oder *Sound of Silence* direkt aus der Seele oder spendeten manch einem schlaflosen, von Unruhe und Ahnungen umgetriebenen Individuum mit *The Boxer, Bridge Over Troubled Water* oder *Scarborough Fair* ein wenig Trost und Zuversicht.

Weshalb sie uns so gut zu verstehen schienen? Vielleicht, weil beide Studenten waren und zu der Zeit, als sie ihre ersten Lieder schrieben, in derselben Haut steckten wie wir. Paul Simon ging nach London, um Literaturge-schichte und Philosophie zu studieren; nicht lange danach schlug auch Art Garfunkel seine Zelte in London auf und studierte Architektur und Kunstgeschichte.

Beide entstammen jüdischen Familien; d.h. das Streben nach Wissen und Erkenntnis, nach Wachstum des Geistes und der Seele lag und liegt ihnen im Blut.

Doch viel Geld hatten beide nicht, als sie sich über den großen Teich aufmachten und nach London gingen. Und was tut man als Student, wenn man knapp bei Kasse ist und ein, zwei Brötchen pro Tag braucht? Man sucht sich eine Arbeit.

Paul Simon und Art Garfunkel erinnerten sich daran, dass sie mit ihren Konzertauftritten zu Hause in New York bereits erste Erfolge gehabt hatten, suchten Material für ihr Repertoire, und dabei stießen sie auf das britische Volkslied *Scarborough Fair*. Es ist uralt; die Melodie geht auf das Mittelalter zurück und entstand zu einer Zeit, als die englische Hafenstadt Scarborough ein Handelsknotenpunkt war und jedes Jahr im August eine große Messe mit Händlern aus ganz Europa stattfand.

Der heute gültige und gesungene Text entstand im späten 16. oder frühen 17. Jahrhundert, also in der späten Renaissance, als Shakespeare seine Dramen auf die Bühne brachte. Er handelt von zwei Liebenden, die sich trennen müssen, aber ihre Beziehung erhalten und einander treu bleiben wollen. Um sich auf die Probe zu stellen, ob sie standhaft genug sind, stellen sie einander unlösbare Aufgaben und fordern nicht etwa deren Lösung ein, nur, dass der andere sich daran macht und es wenigstens versucht.

Die beiden College-Studenten Simon und Garfunkel müssen genauso gerätselt haben wie alle, die das Lied später mitten im zwanzigsten Jahrhundert hörten: Was hat es mit diesem „Parsley, Sage, Rosemary and Thyme" auf sich, das im Lied ständig wiederholt wird?

Verraten haben sie es nie, aber sie werden es vermutlich bei ihren Studien herausgefunden haben.

Heute sagt Wikipedia dazu: Parsley, die Petersilie, dient in England als Mittel gegen Bitterkeit in jeder Hinsicht.

Sage, der Salbei, diese alte, wirkungsvolle Arzneipflanze, gilt als Symbol für (Heil)Kraft.

Rosemary, der Rosmarin, steht für Treue, Liebe und Erinnerung.

Thyme, der Thymian, ist ein Symbol für Mut; z.B. trugen die Ritter auf ihren Schilden oft Thymianzweige.

Das heißt, die beiden Liebenden sprechen einander mit diesen vier Kräutern immer wieder Mut zu, in ihren Gefühlen füreinander und in ihrer Treue stark zu bleiben.

Ob dieses Lied die Keimzelle ihres weiteren musikalischen Schaffens war? Gut möglich, denn sie nahmen auch andere Lieder aus Merry Old England in ihr Repertoire auf, etwa die *God Rest Ye Merry, Gentlemen* und *O Come All Ye Faithful (Adeste Fideles)*.

Auch ihre ersten eigenen Songs entstanden in dieser Zeit, zum Beispiel das bis heute weltweit bekannte *Sound of Silence*.

Dieses Lied wurde in unserer Zeit von der Heavy Metal-Band *Disturbed* neu aufgenommen, und zwar mit ausdrücklicher Genehmigung des Eigentümers Paul Simon, der findet, dass der Leadsänger David Draiman und seine Leute dem Lied in jeder Hinsicht gerecht werden. Man höre sich ruhig einmal beide Versionen an.

Die Fassung von Simon & Garfunkel drückt nach meinem Empfinden ein nachdenkliches Brüten über dem beklemmenden, lastenden Traum aus, von dem sie singen. David Draiman aber bringt in dem Lied eine emotionale Wucht zum Ausdruck, die mir die Kehle zuschnürt und austrocknet. Denn ihm geht es um unsere Zeit, und die Worte drohen auf grauenhafte Weise wahr zu werden:

> *„People talking without speaking,*
> *People hearing without listening,*
> *People writing songs that voices never share,*
> *And no-one dare*
> *Disturb the sound of silence."*

Und später:

„And the people bowed and prayed
to the neon god they made…"

Mit diesen Liedern und der Gitarre, die Paul Simon spielte, gingen die beiden College-Studenten auf die Straße, um zu singen. Ganz richtig: Simon & Garfunkel haben in London als Straßenmusikanten angefangen!

Als ich noch in Erlangen studierte, gab es zwei Straßenmusikanten, die jeden Tag um die Mittagszeit auftraten und sich genau vor unserem Gebäude postierten. Und jedes Mal sangen sie *The Boxer*:

„Lie-la-lie
Lie-la lie-la lie-la-lie
Lie-la-lie…"

Auf der Straße zu singen ist nicht die schlechteste Schule und vielleicht die ehrlichste Art, Musik zu machen. Man hat keinen technischen Schnickschnack um sich herum, keine Hilfsmittel außer einem Verstärker, kann weder mit seiner Stimme noch auf seinem Instrument mogeln. Im Studio geht das. Dort kann man Stimmen verändern, Instrumente hinzufügen, Harmonien angleichen und abmischen. Auf der Straße nicht; man hat und kann etwas oder hat und kann nichts.

Straßenmusik ist ein hervorragender Härtetest für ein Lied: Wer fähig ist, mit seinem Lied ein paar vorbeieilende Passanten aufzuhalten, am Weitergehen zu hindern und ihnen ein paar Münzen zu entlocken, kann sich sagen, dass er etwas mit Substanz geschaffen hat, das nicht verloren gehen wird, egal in welcher Form oder Variation.

Wie auch immer, Simon & Garfunkel wurden damals von einer Mitstudentin namens Kathy tatkräftig unterstützt, die ihre Auftritte organisierte und nach jedem Song mit dem Hut in der Hand herumging, um von den Passanten Geld einzusammeln. Und sie war Paul Simons erste große Liebe.

Kathy ging in die USA zurück, Paul folgte ihr mit seinem Sangesbruder Art, aber sie kam mit der wachsenden Berühmtheit des Duos und dem Trubel in der Öffentlichkeit, der damit einherging, auf die Dauer nicht zurecht. Also kehrte Paul für eine Weile allein nach London zurück und widmete ihr *Kathy's Song*, ein ebenso schönes wie trauriges Liebeslied.

Der Erfolg von Simon & Garfunkel hat vielleicht damit zu tun, dass ein ganzes Land im Zuge der Vietnam-Krise samt seinem Selbstverständnis sein Selbstvertrauen verlor. Wessen Vertrauen auf seine Fähigkeiten und sein eigenes Können bis in die Grundfesten erschüttert ist, der braucht nicht noch zusätzliche Schläge oder Hiebe, wenn er am Boden liegt. Laute, grelle Stimmen und protziges, angeberisches Gehabe erträgt er nicht; um seine Wunden zu lecken, braucht er Balsam. Und das hatten die zwei. Zwischen 1966 und 1970 haben sie ihre besten Alben herausgebracht.

Doch bei uns zu Hause gibt es eine Redensart: „Was zu lange geht, geht nicht schön."

Wenn man ständig und zu lange aufeinander hockt, geht man einander eines Tages auf den Wecker, ist einander überdrüssig, will und muss etwas Neues sehen, hören und tun. Genau das ist den beiden wohl passiert, ebenso wie den Beatles. Hinzu kommt: Wenn man mehr ist und kann als die Rolle, in die das Musikmanagement und das Publikum einen zwängt, reibt man sich aneinander, und die Zusammenarbeit funktioniert nicht mehr.

Paul Simon hatte sein Können als Textdichter und Komponist, aber er wollte nicht immer nur nachdenkliche Texte schreiben und wohlklingende Melodien dazu liefern. Er wollte andere Musik machen, um zu sehen, was er sonst noch konnte. Die Alben *Graceland* aus dem Jahr 1986 mit Musikern aus Südafrika und *The Rhythm of the Saints* aus dem Jahr 1990 mit Brasilianern sind der Beweis dafür, dass er sehr wohl mehr konnte als das, was von ihm erwartet und verlangt wurde.

Art Garfunkel wiederum hatte seine wunderschöne Stimme, konnte aber durchaus auch Texte verfassen und Songs arrangieren. Er hat vier Alben herausgebracht, die zwar nicht in den deutschen, aber immerhin in den britischen und U.S.-Charts gelandet sind.

Ob viel oder wenig kommerzieller Erfolg – so lässig, wie er auf diesem Album in seiner Wohnküche sitzt, scheint es ihm mit seiner eigenen Musik recht gut gegangen zu sein. Immerhin ist zumindest ein Lied, das ihm allein gehört, auch in Deutschland noch heute bekannt: *Bright Eyes* aus dem Film *Watership Down / Unten am Fluss*.

Manche Leute kennen einander lange, schätzen und mögen sich eigentlich. Dann kommen sie zusammen, arbeiten und machen und tun, aber jedes Mal geraten sie früher oder später an den Punkt, an dem sie nicht mehr weiterkommen. Also trennen sie sich wieder, denn noch länger zusammenzubleiben und einander auf den Zeiger zu gehen ergibt für beide keinen Sinn, ist für sie verlorene Lebenszeit.

Das gibt es. Im Leben normaler Menschen kommt so etwas ständig vor, und niemand macht ein Aufheben darum. Warum will Gott und die Welt die zwei um jeden Preis zusammenzwingen, wenn es einfach nicht geht?

Vielleicht ist der springende Punkt folgender:

Paul Simon mag das schöpferische, kreative Gehirn als Textdichter und Komponist sein, aber auf sich allein gestellt hat seine Stimme nicht genügend Substanz.

Art Garfunkel hat wiederum die überragende Stimme, aber alleine fehlt ihr auf die Dauer der Biss, um Zuhörer zu fesseln und bei der Stange zu halten. Den hat – auch wenn sie dünner ist – die von Paul Simon.

Das heißt, die Chemie der Stimmen passt perfekt und haargenau, wenn die zwei auf der Bühne zusammenkommen. Und so geht dasselbe Spiel immer wieder von vorne los. Bono von U2 hat es in seinem Lied auf den Nenner gebracht: „I can't live with our without you…"

4. Ha-Hm! Lord Horatio Hornblower, Viscount of Smallbridge

Es ist schon witzig, dass die Seefahrt auf mich seit meiner frühen Kindheit einen unwiderstehlichen Reiz ausge-übt hat, denn ich bin mitten im europäischen Kontinent in einem Dorf im Niemandsland aufgewachsen, wo es nur einen Dorfteich und den Perlenbach gibt, in dem die seltene Flussperlmuschel lebt. Das heißt: Ich war und bin eine Landratte und ein Badewannenkapitän mit dem Finger auf der Seekarte.

Das erste, was ich mit etwa fünf Jahren vage von der Seefahrt mitbekam, war der Vorspann zum *Seewolf*, dem berühmten Advents-Vierteiler mit Raimund Harmstorf als Kapitän Wolf Larsen, der die Kartoffel in der bloßen Hand zerquetscht. Der Vorspann zur Serie zeigt immer ein Segelschiff mit Masten, Wanten und Rahen im Sturm. Erst Jahrzehnte später las ich das Buch von Jack London, und noch später holte ich mir den kompletten Vierteiler auf DVD.

Der Seewolf ist sowohl ein spannendes Abenteuer für die Sinne als auch ein fesselndes geistiges Duell zwischen zwei Männern, die verschiedener nicht sein könnten: der rohe, brutale, amoralische Wolf Larsen, Kapitän des Walfängers *Ghost*, der zugleich ein gebildeter und hochintelligenter Mann ist, und der idealistische Schöngeist und Schriftsteller Humphrey van Weyden, dessen Fähre in der Bucht von San Francisco in einem Sturm zer-schellt und der in letzter Sekunde von

Bootsleuten der *Ghost* gerettet wird, vom Kapitän und Schiffskoch geschunden und getrietzt wird, wo und wie es nur geht, aber seinen Mann zu stehen lernt.

Mehr als den Vorspann durfte ich als Kind nicht sehen, aber dieses Bild gefiel mir: Wie sich im Sturm die Wanten und Taue des Schiffes spannten und strafften, wie sich die Welle vor dem Schiff auftürmte, das Schiff die Welle hinaufkroch und auf der anderen Seite wieder schäumend in die See eintauchte, wie es sich zäh und mutig durch die aufgewühlte See kämpfte.

Man höre sich einmal die Ouvertüre zu Wagners *Fliegendem Holländer* an. Über Richard Wagner streitet seit jeher die Welt, aber eines kann ihm niemand nehmen: Er kann mit Klängen und Tönen Bilder und Stimmungen heraufbeschwören wie kaum ein anderer Komponist. Mit seinen Arien kann ich mich nicht anfreunden; aber seine Instrumentalmusik ist eine Klasse für sich.

Die Inspiration zur *Holländer*-Ouvertüre kam Richard Wagner auf einer Seefahrt nördlich von Schottland, als sein Schiff zwischen den Hebriden kreuzte und in einen Sturm geriet. In dieser Ouvertüre sieht man förmlich die düsteren, schweren Wolken und die mächtigen Wogen, die sich vor dem Schiff auftürmen, man hört das Heulen und Brüllen des Sturms und das Tosen der See, spürt das wuchtige Aufklatschen des Schiffes, wenn es den Scheitelpunkt der Welle überschritten hat, sein Bug in die Welle taucht und die Gischt meterhoch spritzt.

Mit zehn Jahren verschlang ich Hermann Melvilles *Moby Dick*, Leon Garfields *Jack Holborn* und Cyril Abrahams *Die Onedin-Linie* und war in meiner Phantasie praktisch ständig auf See unterwegs.

Eigenartigerweise habe ich *Die Schatzinsel*, den Seefahrts- und Abenteuerklassiker von Robert Louis Stevenson schlechthin, erst Jahrzehnte später in die Finger bekommen. Wer kennt noch heute das britische Shanty, das kurz nach der Entstehung und Verbreitung der *Schatzinsel* entstand? Alle mitsingen:

> „*Seventeen men on the Death Man's Chest -*
> *Ho-yo-ho, and a bottle of rum!*
>
> *The drink and the devil have done with the rest -*
> *Ho-yo-ho, and a bottle of rum!*"

Mit dreizehn Jahren bekam ich von meiner Mutter *Das abenteuerliche Leben des Horatio Hornblower* empfohlen, ein Romanzyklus von C.S. Forester, der um einen fiktiven Seehelden während des Krieges zwischen Großbritannien und Frankreich zur Zeit Napoleons kreist. Und wenn einer an Bord eines Dreimast-Rahschoners von der Bilge bis hinauf ins Krähennest gekrochen sein muss, dann C.S. Forester. Wenn einer das Leben an Bord eines Schiffes der Royal Navy kennt, dann er.

Als Anhang zu seinen Büchern war stets ein Glossar mit den wichtigsten seemännischen Begriffen und Kommandos abgedruckt, und ich habe dieses Glossar nicht auswendig gelernt, sondern aufgesogen.

Heute ist diese Romanreihe in Deutschland kaum noch bekannt, in Großbritannien dagegen sehr wohl. Von 1998 bis 2003 hat die BBC einen *Hornblower*-Vierteiler ausgestrahlt, doch leider musste die Produktion nach vier Filmen aus Kostengründen eingestellt werden: genau vor den Kapiteln, wo es wirklich interessant wird.

Nach dem Film hätte dieser Seeheld wohl so ausgesehen, wenn es ihn gegeben hätte:

Doch in den 1960er Jahren wurden diese Seefahrtsromane nicht nur in Großbritannien und den USA, sondern auch in Deutschland mit Begeisterung gelesen, und wenigstens kennt man bei uns den Film *Des Königs Admiral* mit Gregory Peck in der Hauptrolle.

Das heißt, für uns Deutsche sieht Horatio Hornblower eher aus wie Gregory Peck, der Herr rechts im Bild:

Wie auch immer, ich verdanke C. S. Forester drei Dinge:

1. dass ich noch heute die Masten, Rahen, Segel und die wichtigsten Taue eines Dreimast-Schoners kenne und weiß, was die Kommandos bedeuten, die Kapitän, Offiziere und Steuerleute eines Schiffes von sich geben;

2. dass mir damals die Idee kam: „Was, wenn sich siebzig Mädchen aus einem britischen Pensionat die Idee in den Kopf setzen würden, sich ein Schiff zu schnappen und in See zu stechen?" - sprich, die Anfänge meines Schriftstellertums.

Mehr Material und Substanz für meine Idee fand ich, als ich zwei Jahre in Coburg und zwei Jahre in Erlangen, d.h. von meinem 16. bis zu meinem 20. Lebensjahr, neben der englischen und französischen Sprache die britische und europäische Zeit- und Kulturgeschichte des 18. und frühen 19. Jahrhunderts studierte;

und

3. die erste große Liebe meines Lebens damals mit dreizehn Jahren. Es ist nicht übertrieben, wenn ich sage, dass das, was ich damals empfand, über eine bloße Teenie-Schwärmerei oder einfaches Haben-wollen hinausging. Erst Jahrzehnte später ist mir aufgegangen, dass er mir deshalb so nahestand, weil wir Seelenzwillinge hätten sein können.

Zum Beispiel begann sein Leben ähnlich wie meines.

Horatio Hornblower wurde 1776 in einem kleinen Dorf in den Downs geboren und sah bis zu seinem siebzehnten Lebensjahr nichts von der Welt da draußen, genau wie ich. Die Downs sind eine sanft hügelige, sehr entlegene Gegend mit weiten Wiesenfluren und ausgedehnten Wäldern. Genau wie Oberfranken; nur, dass die Downs im Süden Großbritanniens liegen.

Als einziger Sohn eines Landarztes – seine Mutter starb früh, so dass er von seinem Vater aufgezogen wurde – hatte er wenig Kontakt zu gleichaltrigen Spielgefährten. Seine einzige Verbindung zur Außenwelt bestand aus den Büchern in der Bibliothek seines Vaters, die er wohl als Kind reihenweise verschlungen hat, genau wie ich.

Da er über ein stark ausgeprägtes Vorstellungs- und Einfühlungsvermögen verfügte, war es seine Lieblingsbeschäftigung, in Büchern auf Reisen zu gehen, Wissen aufzusaugen und die Welt kennenzulernen. Meine auch.

Mit seinem Vater, dem Dorfpfarrer und dem Friedensrichter – also mit lauter Erwachsenen – saß er am Tisch und spielte Whist; ein Kartenspiel ähnlich wie Bridge. Ich kenne allerdings weder Whist noch Bridge. Sonst hat er als Kind wenig gespielt.

Ich saß am Tisch mit meiner Großmutter und meinen Großtanten, ihren beiden Schwestern – also mit lauter Erwachsenen - und spielte Canasta, Rommé (habe aber vergessen, wie diese beiden Kartenspiele gehen) oder Mensch ärgere dich nicht. Sonst habe ich als Kind wenig gespielt.

Als Kind – nein, sein Leben lang – war er still und schüchtern und konnte sich in Menschen, Szenen und Sachverhalte bis ins Kleinste hineinversetzen. Wissen und neue Kenntnisse in sich aufzusaugen hat er sein Leben lang geliebt und deshalb bestimmt gute Noten nach Hause gebracht, genau wie ich.

Als er siebzehn Jahre alt ist, stirbt sein Vater, so dass er auf der Welt allein dasteht. Und weil ihn zu Hause nichts mehr hält und ihn die große weite Welt und die Seefahrt lockt wie so viele Jungen zu seiner Zeit, meldet er sich freiwillig auf einem Schiff der Royal Navy als Fähnrich bzw. Kadett zum Dienst für das Vater-land und Seine Majestät König George III. von Großbritannien und Irland.

An dieser Stelle trennen sich unsere Wege – zum Glück für mich.

Aber der siebzehnjährige hochbegabte und sensible Junge gerät in die Royal Navy, ein Apparat, ein System, das man nicht anders bezeichnen kann als eine mörderische Knochenmühle. Und wie viele Jungen bzw. junge Männer sind zur Zeit der Napoleonkriege in diese Knochenmühle geraten, die sie auf perfide Weise gelockt hat!

Den Abenteuerlustigen versprachen die Artikel des Naval Chronicle Abenteuer in den Seegefechten.

Den Ehrgeizigen, denen Ruhm und Ehre etwas galten, versprach die Navy beides; denn wer als Leichtmatrose anfing, konnte sich bis zum Steuermann hochdienen, der Kadett bis zum Kapitän, evtl. sogar zum Admiral einer Flotte. So war es zum Beispiel mit Horatio Viscount Nelson, dem Helden von Trafalgar.

Den Reiselustigen, Wissbegierigen versprach die Navy fremde Küsten und Länder mit unbekannten Pflanzen und Tieren, köstlichen Gerichten und Getränken und exotischen Frauen.

Den Idealisten und Freigeistern versprach sie den Kampf gegen den korsischen Tyrannen Napoleon, der den europäischen Kontinent mit seiner *Grande Armée* überrannte und im Würgegriff hielt.

Um genügend Männer als Besatzung für die Kriegsschiffe zu bekommen, holte man reihenweise Strafgefangene aus Gefängnissen und verpflichtete sie zum Kriegsdienst an Bord eines Schiffes Seiner Majestät.

Doch sie reichten für den Dienst an und in der Takelage der Kriegsschiffe nicht aus. Also holte sich die Royal Navy weiteres Kanonenfutter mit zwei ebenso perfiden Methoden:

1. Die Werber gingen in die Kneipen der Städte und Dörfer, nicht nur an den Küsten, sondern überall im Land, und schnappten sich jemanden, der gerne mal einen über den Durst trank,

   Dann machten sie ihm den Mund mit verlockenden Aussichten auf Ruhm und Reichtum wässrig und schenkten ihm darüber hinaus reichlich Brandy oder Rum ein, bis der Beduselte seine Unterschrift oder drei Kreuze in die Klarschiffrolle krakelte.

2. Nach dem Zapfenstreich, d.h. nach Einbruch der Dunkelheit, durfte sich nach geltendem Kriegsrecht niemand auf der Straße blicken lassen.

   Wer wegen eines Notfalls trotzdem draußen unterwegs war, oder weil er sich sagte, dass er als freier Mann im freien Großbritannien wohl auf die Straße gehen könne, wann er wolle, wurde von einer Pressgang geschnappt, einem Landungstrupp, der Leute reihenweise aufgriff, festnahm und ver-schleppte.

All diese Männer – und es waren ihrer viele – fanden sich an Bord eines Kriegsschiffes wieder, und dort begann ihr Leben unter den Kriegsartikeln, Drill und Zwang. Für Versäumnisse, Fehler oder Verstöße gegen die Bord-vorschriften wurden sie über ein Kanonenrohr gelegt und mit dem Knotenstock verprügelt oder an einer Gräting festgebunden und mit der Neunschwänzigen Katze, einer Peitsche, deren neun Lederriemen mit kleinen stählernen Haken besetzt waren, ausgepeitscht.

Und wer sich dem Befehl eines Vorgesetzten verweigerte oder sich gegen ihn stellte, wurde wegen Meuterei zum Tode verurteilt, d.h. zur Großmarssaling hinaufgebracht und mit dem Galgenstrick erhängt, und baumelte dort droben als abschreckendes Beispiel.

Sprich: All diese Männer wurden erst gelockt und verführt, dann systematisch gedrillt und gebrochen und zu gehorsamem Kanonenfutter gemacht!

Wie überlebt ein sensibler, empathisch begabter Junge ein System, das er mit seiner Intelligenz rasch erkennt und durchschaut? Indem er sich in sich selbst zurückzieht und seine Gefühle und Gedanken sorgsam unter Kontrolle hält. Denn macht er sich angreifbar, packen ihn all diese verrohten, hasserfüllten, stets zu körperlicher Gewalt neigenden Männer, stürzen sich auf ihn wie die Geier und machen ihn fertig. Das hat er als Kadett zur Genüge durchgemacht.

Und so wurde Horatio Hornblower zu einem Meister der Disziplin und Selbstbeherrschung und blieb es sein Leben lang.

Ich auch. Zwar war ich nicht in der Royal Navy und bin auch niemals körperlich gezüchtigt worden, weder von meinen Eltern noch von Lehrern, obwohl es in meiner Grundschulzeit durchaus noch zwei Lehrer gab, die Ohrfeigen verteilten, und einen, der mit dem Lineal zuschlug.

Aber ich lebe von und mit dem geschriebenen Wort, oder sagen wir, *dem Wort an sich*. Seit ich denken kann, ist die Welt der Worte meine größte Begabung, das wertvollste Geschenk, das mir je zu Teil wurde, und zu-gleich meine größte Gefährdung. Denn mit dem geeigneten Wort kann man mich verletzen, quälen, foltern, eventuell sogar umbringen – und riskiert nichts damit, denn niemand kommt für Worte ins Gefängnis.

Und ich wurde in der Grundschule von meinem sechsten bis zu meinem zwölften Lebensjahr von Mitschü-lerinnen und Mitschülern angegriffen und gequält, so dass in dieser Zeit für mich jeder Schultag ebenso die Hölle war wie für Hornblower die Royal Navy.

Bei ihm hat sich das in seiner Seekrankheit geäußert. Jawohl, zu Beginn eines jeden Seetörns, oder wenn sich der Seegang änderte, wurde er jedes Mal seekrank und hat sich ein Großteil seines Lebens auf gut Deutsch die Seele aus dem Leib gekotzt.

Das kenne ich leider Gottes auch nur zu gut. Ich konnte zum Beispiel in einem fahrenden Auto lange Zeit nicht lesen oder schlafen, weil mir davon übel wurde. Und dann litt ich vom sechsten bis zum zwölften Lebensjahr an Acetonämie, einem chemischen Ungleichgewicht im Blut, das sich ähnlich wie See- oder Reisekrankheit anfühlt, nur dass man nicht auf See ist oder irgendwohin fährt.

Das habe ich erst Jahrzehnte später an Hand des *Pschyrembel* herausgefunden, dem großen Wörterbuch der medizinischen Fachbegriffe. Bis ich durch Zufall auf den Begriff Acetonämie stieß, wusste ich nicht einmal, dass jeder Mensch Aceton im Blut hat. Doch heute erinnere ich mich daran, dass mein Erbrochenes wohl wie Nagellackentferner, der Aceton enthält, gerochen haben muss. Deshalb fragte mich meine Mutter jedes Mal, ob ich von ihrem Nagellackentferner getrunken hätte, wenn ich mich übergeben musste! - Nö! Wieso um alles in der Welt hätte ich das tun sollen?

Lange Rede, kurzer Sinn: Acetonämie beginnt mit einer vagen, allgemeinen Flauheit und Benommenheit und einem leisen Druck im Magen; einem Gefühl, als wäre man von irgendetwas vergiftet. Aus diesem Druck wird eine lauernde, schleichende Übelkeit, die immer mehr zunimmt, immer stärker wird, bis man sich schließlich übergeben muss. Diesen Moment habe ich immer gehasst, aber danach ließ die Übelkeit nach und legte sich.

Mit zwölf Jahren wechselte ich von der Haupt- auf die Realschule und war meine Peinigerinnen und Peiniger los. Von diesem Zeitpunkt an ging es mir gesundheitlich deutlich und zunehmend besser.

Heute verstehe ich irgendwie, was damals in der Grundschule passiert ist: Ein sechsjähriges Kind, das fließend lesen kann, sich gewählt und in grammatikalisch korrekten Sätzen ausdrückt, als einziges Kind in der Klasse keinen Dialekt, sondern Hochdeutsch spricht, gab es damals auf dem Land nicht.

Etwas, das es eigentlich nicht geben kann, aber trotzdem da ist, erscheint unheimlich. Das Unheimliche macht Kindern Angst. Um diese Angst zu besiegen, rotten sie sich zusammen und machen das unheimliche Kind fertig, das ihnen allein gegenübersteht.

Und wie haben sie mich fertiggemacht? Indem sie mich für meine körperliche Ungeschicktheit, ja Gehemmtheit hänselten. Sie nannten mich Vollidiot, Trottel, blöde Kuh, umringten mich, stießen mich umher, wieder und immer wieder. Bis ich tatsächlich glaubte, ein Vollidiot, ein Trottel, eine blöde Kuh zu sein.

Zuerst habe ich meinen Eltern noch davon erzählt. Doch sie sagten zu mir: „Selber schuld! Wehr dich!"

Also war ich selbst verantwortlich für meine Misere, war schuld daran und musste sehen, wie ich mit der Situation zurechtkam.

Aber wie denn? Ich bin in keiner Weise gewalttätig. Ich könnte nicht einmal einer Fliege etwas zu Leide tun. Was konnte ich tun? Mich beherrschen und meine Gefühle in mir verschließen, um meinen Feinden keine Angriffsfläche zu bieten. Wie konnte ich es ihnen heimzahlen? Indem ich gute Noten einsammelte und nach Hause brachte.

Meinen lieben Mitschülerinnen und Mitschülern von der ersten bis zur sechsten Klasse verdanke ich eine Besonderheit meines Gehirns, die mir in meinem Leben immer wieder zu schaffen gemacht hat: Ich kann mir Wissen und Sachverhalte rasch aneignen und umsetzen, aber immer nur bis zu einem bestimmten Punkt. Erreiche ich diesen Punkt, komme ich über ihn nicht hinaus. Gott, wie habe ich mich dafür gehasst und verflucht!

Mein Vater schrieb mir einen Satz ins Poesiealbum:

> *„Schwacher Wille, feiges Zagen*
> *werden nie das Glück erjagen.*
> *Aber Mut und ernstes Ringen*
> *können Herrliches vollbringen."*

Ich glaube, ich habe mein Leben damit verbracht, mir selbst zu beweisen, dass ich nicht schwach, dass ich kein Feigling bin.

Genau wie Horatio Hornblower.

Doch an all der Disziplin und Selbstbeherrschung ist ein Haken. Wenn man echte, tief empfundene, elementare Gefühle wie Wut, Zorn, Hass oder Begeisterung oder tiefe, glühende Liebe für jemanden oder etwas ständig in sich verschließt, verleugnet und unterdrückt, rächen sie sich irgendwann. Und zwar dergestalt, dass sie mit voller Wucht ausbrechen und nicht mehr einzudämmen sind.

Bei Hornblower war es immer so, wenn er an einem Enterkommando teilnahm, da hat er rasend wie ein Berserker um sich geschlagen, hat gewütet und wahllos getötet. Ich gottlob nicht.

Und als er erst mit etwa vierzig Jahren in Marie de Gracey der Liebe seines Lebens begegnete, fand er erstmals die eine, für die er eine Liebe und Leidenschaft ohne Grenzen empfinden und leben konnte und die seine Gefühle mit gleicher Liebe und Leidenschaft erwidert hat. Für sie hat er damals sein Leben in England hingeworfen und ist ihr nach Frankreich gefolgt. Weder Marie noch er haben ihre gemeinsame Zeit bereut; doch schließlich hat ihr Beisammensein zu Napoleons Zeit leider ihr und beinahe ihm das Leben gekostet…

Verhält sich ein Mensch so wie in den beiden oben genannten Beispielen, bezeichnen andere Menschen das als „psychisch labil". *Ich kann diese Phrase nicht mehr hören und lesen!*

Irgendwann und mit irgendetwas kann jeder Mensch den Punkt erreichen, an dem die Grenze überschritten ist, mit dem man ihn zum Äußersten treibt. Es muss nur der Umstand oder der Sachverhalt daherkommen und die Grenze überschritten werden. *So gesehen ist jeder Mensch „psychisch labil"!* Nur geraten die meisten Men-schen glücklicherweise nicht an diesen Umstand oder Sachverhalt und werden an ihre Grenzen getrieben. Manche leider schon.

Wer oder was verhindert hat, dass ich irgendwann, an irgendeinem Punkt in meinem Leben zu einer Mörderin im Affekt oder gar zu einer Amokläuferin im echten, ursprünglichen Sinn des Wortes geworden bin?

Leonard Bernstein, der mir die Welt der Musik aufgeschlossen hat. Dafür bin ich ihm für den Rest meines Lebens dankbar; doch zu ihm später, an geeigneter Stelle.

Leider war das Horatio Hornblower nicht vergönnt. Hierin liegt der größte Unterschied zwischen ihm und mir.

Er hatte keinerlei musikalisches Gehör, so dass Musik für ihn kein schöner, angenehmer Klang war, sondern nur ein wirrer, greller Lärm. Nur ein einziges Mal, als der endlos lange, zermürbende Krieg gegen

Napoleon endete und in Europa Frieden einkehrte, da hat sich ihm die Schönheit der Musik aufgetan, und er hat zum ersten und einzigen Mal in seinem Leben *gesungen*.

Doch leider war das bei ihm zugleich der Typhus, der ihn in dem Moment heimsuchte und niederstreckte; eine Krankheit, die einen für drei Wochen ins Reich der Träume schickt. Am Ende der drei Wochen erlischt und stirbt man oder wird gesund und erholt sich, zwar langsam, aber sicher. Fragt Thomas Mann, er weiß es ganz genau!

Der zweite große Unterschied zwischen Hornblower und mir:

Er ist ein Mann. Ich bin eine Frau.

Vielleicht habe ich ein paar männliche Persönlichkeitsanteile in meinem Verstandskasten, aber ich gehöre nicht zu den Männern, die im Körper einer Frau geboren worden sind und diesen Fehler in ihrem Leben korrigieren wollen. Zu keiner Zeit in meinem Leben hätte ich je ein Mann sein oder werden wollen!

Doch für mich lehne ich es ab, dass irgendjemand definiert, wie und was ein richtiger Mann oder eine richtige Frau ist und was er/sie zu tun oder zu lassen hat.

Eines lässt sich allerdings nicht bestreiten: Männer und Frauen denken über bestimmte Sachverhalte grundlegend anders, sehen und beurteilen sie aus unterschiedlichen Perspektiven und auf sehr unterschiedliche Weise.

Nur deshalb konnte ich aus der *Seehexe* ein eigenständiges Werk, mein Werk machen. Nur deshalb konnte ich Lady Elizabeth Grey zu einer eigenständigen Persönlichkeit und nicht lediglich zu einer weiblichen Kopie von Hornblower entwickeln.

Zum einen ist Lady Elizabeth Grey ein grundehrlicher Mensch. Sie kann, wenn sie echte, tiefgehende Gefühle in einer bestimmten Situation oder für jemanden hat, diese nicht verstecken, nicht einmal, wenn es um ihr Leben ginge. Würde sie sich nicht dann und wann gestatten, sie herauszulassen, würde sie früher oder später implodieren.

Deshalb braucht sie in ihrem Leben Lady Anne Doncaster, die genauso ein grundehrlicher Mensch ist wie sie, die zwar schweigen, aber nicht lügen kann und mit keinem Gefühl und keiner Meinung hinter dem Berg hält.

Ist sie gezwungen, zu lügen oder ihre Gefühle zu unterdrücken und zu verleugnen, ist dies für sie ein Gift, das sie umbringt.

Und zum anderen hätte Lady Elizabeth, wenn sie nicht in die Royal Navy geraten wäre, eine Musikerin oder Tänzerin werden können. Ein Schiff ohne Musik – und es wurde auf Schiffen viel gesungen und musiziert – wäre für sie ein Ding der Unmöglichkeit gewesen.

Und zum Schluss noch ein dritter großer Unterschied zwischen Hornblower und mir:

Er war in Algebra und Trigonometrie, d.h. in abstrakten Formeln und Symbolen ein As und konnte sie in Navigationsberechnungen und Segelmanöver umsetzen.

Ich kann mit algebraischen oder trigonometrischen Formeln nicht das Geringste anfangen, kann keinen Bezug herstellen zwischen abstrakten Buchstaben und Zeichen oder gar ellenlangen Formeln über und unter einem Bruchstrich und der greifbaren, gegenständlichen Welt oder auch nur einem gedanklichen Bild.

Aus demselben Grund habe ich zwar ein gutes Gehör und Gedächtnis für Melodien und die melodischen Abläufe ganzer Symphonien, kann aber keine Noten lesen und sie zu Melodien verknüpfen. Punkte und Linien auf einem Notenblatt geben und sagen mir nichts, sprechen nicht zu mir.

An solchen Unzulänglichkeiten wie auch an der Kapazitätsbarriere in meinem Gehirn und meiner körperlichen Unbeholfenheit habe ich in meinem Leben oft und immer wieder gelitten, habe mich daran stets allein und vergebens abgearbeitet.

Doch im Lauf meines Lebens habe ich auch etwas herausgefunden:

Ein Mensch, der alles kann, dem alles zufliegt und der in allen Dingen sicher ist, läuft Gefahr, überheblich zu werden, d.h. auf andere Menschen herabzusehen, die nicht dasselbe auf demselben Niveau können und wissen wie er. Ein Mensch, der auf Schwächere, deren

Fähigkeiten und Vermögen geringer sind als er, herabsieht oder gar verächtlich über ihre Fehler, Schwächen und Unzulänglichkeiten herzieht und sie dafür verbal auseinandernimmt, ist weder großartig noch mächtig noch weise. Sie oder er ist nichts als *ein unerträglicher Kotzbrocken.*

Vielleicht verdanke ich es meinen Schwächen und Unzulänglichkeiten, dass ich nicht oder hoffentlich nur in flüchtigen Momenten auf diese Schiene geraten bin.

Aus meiner Sicht ist nur in einer Situation Verachtung legitim: Wenn einer sich in den Schwächen und Unzulänglichkeiten eines anderen suhlt und sie ausweidet. Denn das kostet nichts, ist niedrig, billig und feige.

Vertieft sich die geneigte Leserin oder der geneigte Leser in die *Seehexe* und kennt meinen Hintergrund, fragt sie oder er sich vielleicht: Wenn Horatio Hornblower meine erste große Liebe war, weshalb lasse ich dann Sir Christopher Fairchild nicht aussehen wie ihn und verleihe ihm dieselben Eigenschaften und Charakterzüge?

Zum einen war Hornblower ein Großteil seines Lebens verheiratet. Nie würde ich einer Frau ihren Ehemann wegnehmen, dafür nehme ich die Ehe viel zu ernst! Also habe ich ihn sogar in meinen geheimsten Phantasien buchstäblich aus mir herausgehalten und mich schließlich gedanklich und seelisch von ihm getrennt.

Zum anderen stehe ich auf blonde Männer mit hellen Augen, die nicht nur gut aussehen, sondern auch Hirn und Geist haben. Mein absoluter Traumtyp war und ist heute noch Robert Redford. Wäre er für diese Rolle heute leider nicht zu alt – d.h. sähe er heute noch aus wie in *Jenseits von Afrika* -, käme sowohl von seinem Aussehen als auch von seinem Charakter her nur Robert Redford für die Rolle von Sir Christopher Fairchild in Frage!

Vielleicht ginge es in unserer Zeit mit Eddie Redmayne. So, wie er in der Verfilmung von *Les Misérables* ausge-sehen und gespielt hat, käme er von seinem Aussehen her Sir Christopher Fairchild am nächsten. Von seinem Wesen, seinem Charakter her käme Adrien Brody noch eine Idee besser hin…

5. No Coward Soul is Mine - Die Schwestern Brontë und Stefan Zweig

*"No coward soul is mine,
No trembler in this world's storm-troubled sphere;
I see Heaven's glories shine,
And Faith shines equal, arming me from Fear."*

Emily Brontë, aus der „Gondal-Saga"

Heute ist ein Leben ohne Farbe auf dem Bildschirm, dem Monitor oder der Kinoleinwand gar nicht mehr denkbar; doch als ich noch ein Kind war, zeigte das Fernsehen oft noch alte Filmklassiker in Schwarz-Weiß.

Da es in der Anfangszeit des Kinos und Fernsehens noch kein Technicolor gab, mussten die Filmregisseure aus Licht -und Schatteneffekten und allen Abstufungen zwischen Schwarz und Weiß von Anthrazit bis Perlgrau so viel herausholen, wie sie konnten, um die Bilder auf der Leinwand oder auf dem Bildschirm für die Zuschauer so lebendig und anschaulich wie möglich zu machen.

So sind gerade in den frühen Jahren des Films aus der Notwendigkeit heraus wahre Meisterwerke entstanden, die allein aus Licht, Schatten und Nuancen und mit Hilfe der Geräuschemacher im Tonstudio packende, atmo-sphärisch dichte Szenen und Bildsequenzen erschufen, die bis heute ihresgleichen suchen.

Und für mich gehören zu diesen Meisterwerken *Jane Eyre – Die Waise von Lowood* von und mit Orson Welles und Joan Fontaine und *Wuthering Heights - Stürmische Höhen* mit Sir Laurence Olivier und Merle Oberon.

Genau in diesen beiden Filmen sind stürmische Gewitternächte so dramatisch und furchteinflößend wie in keinen anderen. Und in beiden Filmen macht sich Wind oder Sturm durch ein ganz eigentümliches Geräusch bemerkbar, von dem ich erst in Irland auf den Hügeln von Tara erfahren habe, dass es dieses Geräusch in der realen Welt tatsächlich gibt.

Es ist kein Rauschen wie im Wald oder am Saum eines Waldes; dafür ist das Geräusch zu melodisch. Ein Pfeifen oder Heulen wie bei einem Sturm ist es auch nicht; dafür ist es zu tief und gedämpft. In Deutschland haben wir für dieses Geräusch keine richtige Entsprechung, aber im Englischen gibt es hierfür das Wort *sough*. Spricht man es langsam und leise, fast flüsternd, aber noch mit einem Hauch Ton aus, also

„ S a o u " -, hat man es genau erfasst.

Für mich klingt dieses Geräusch, als kämen mit dem Wind Erinnerungen aus uralten Zeiten, die bis auf den heutigen Tag über den grünen Hügeln Großbritanniens oder Irlands in der Luft hängen und dort flüstern und raunen, wenn man nur genau hinhört.

Anhand der Bild- und Tonwelten von *Jane Eyre* und *Wuthering Heights* – später auch, als ich die Bücher im Original las - entstand in mir auch ein Begriff von dem, was Leidenschaft ist: neben Luft, Wasser, Erde und Feuer das fünfte Element, das in allen vier Elementen enthalten ist und sich bemerkbar macht, indem es, wenn es gewaltsam niedergehalten wird und keine Erfüllung und Auflösung findet, alle Grenzen und Hindernisse niederreißt und hinwegfegt, egal ob mit positiven oder negativen Folgen.

Nun stelle man sich eine Schar von fünf Schwestern vor, die gemeinsam mit ihrem Bruder in einem Pfarrhaus in den grünen Hügeln von

Yorkshire leben, diesem Geräusch und der Gewalt der Elemente täglich ausgesetzt sind und nur wenig Verbindung zur Außenwelt haben.

Diese Schwestern besuchen in ihrer Kindheit und frühen Jugend jeweils für ein Jahr ein Internat, um sich auf ihren Beruf als Gouvernanten vorzubereiten, aber zweien von fünf bekommt dies gar nicht gut: Die beiden ältesten Schwestern sterben mit elf und zehn Jahren an Tuberkulose.

Die drei jüngeren kehren in das einsame Pfarrhaus zurück und verlassen es nur noch einmal, um sich aufs Neue in einem Internat fortzubilden, diesmal in Brüssel. Diesmal sind es die beiden jüngeren Schwestern, die sich mit Tuberkulose anstecken, und sie kehren mit ihrer älteren Schwester für immer nach Hause zurück.

Ein langes Leben ist den dreien nicht vergönnt: eine stirbt mit neunundzwanzig, die andere mit dreißig, die älteste, die am längsten überlebt, mit neununddreißig Jahren.

Ein ebenso ödes wie trostloses und stocklangweiliges Leben? Keineswegs! Denn sie haben seit ihrer frühesten Kindheit die Welt in Gestalt der Bibliothek ihres Vaters um sich. Und sie lesen die Bücher nicht nur, die sie sich nach und nach aus den Regalen holen, sie verschlingen sie und leben sich hinein, bis in ihnen eigene Welten und aus diesen Welten Gestalten, Szenen und Geschichten entstehen.

Und bevor diese drei Schwestern erlöschen, gelingt es ihnen, drei unvergängliche Werke zu hinterlassen, von denen jedes in seiner Art ein Monument der Leidenschaft ist.

Emily Brontë stellt sie in *Wuthering Heights* als rohe, grausame, ebenso unwiderstehliche wie unausweichliche Gewalt dar. Diese Gewalt verbindet Catherine und Heathcliff auf Gedeih und Verderb, lässt beide zu Grunde gehen und reißt die Menschen um sie herum mit ins Verderben, bringt aber den beiden nach endlos langen Jahren die Erlösung. Und wenn sie sich nicht in Wohlgefallen aufgelöst haben, spuken sie noch heute auf den grünen Hügeln von Yorkshire…

Anne Brontë schildert in *The Tenant of Wildfell Hall* Leidenschaft als Passion; als etwas, das Leiden verursacht und sich als Leid, Schmerz und Qual bemerkbar macht. Diese Passion, die Leiden schafft, widerfährt Martha Graham in ihrer Ehe mit einem leichtsinnigen, innerlich völlig haltlosen Aristokraten, welcher der Trunksucht ergeben ist und Martha mit einer anderen Frau betrügt. Und doch liebt sie ihn sehr lange, bis die Qual für sie so übermächtig wird, dass sie sich von ihm trennt und ihren Sohn allein erzieht.

Allein Charlotte Brontë stellt in *Jane Eyre* Leidenschaft als stärkende sowie reinigende und läuternde Kraft dar. Es ist ihre lichterloh aufflammende Empörung gegen das Unrecht, die Jane Eyre, dem von ihrer Stiefmutter und ihren Stiefgeschwistern bis aufs Blut gepeinigten Waisenkind, die Kraft verleiht, eines Tages ihnen allen – jedem auf seine Weise - Paroli zu bieten und sich gegen sie zu behaupten.

Ihr unbeugsamer, ebenso wilder wie verschwiegener Stolz lässt sie Stand halten, als ein bigotter, eifernder Pfarrer sie vor dem ganzen Internat als Lügnerin und Ausbund an Verdorbenheit an den Pranger stellt.

Und es ist ihre elementare, durch nichts auszulöschende Liebe zu Edward Fairfax Rochester, die ihr zur richtigen Entscheidung und zum

Weg in die Freiheit verhilft, als sie vor die Wahl gestellt ist, wen sie zu ihrem Mann wählen soll:

Einen, der sie achtet und schätzt, der ihr Möglichkeiten und Aussichten eröffnet, die sie sich zuvor nie hätte träumen lassen, der sie aber nicht liebt und dessen Herz und Seele eine Gefriertruhe ist, nur, dass es so etwas damals noch nicht gab?

Oder einen, der verarmt, vereinsamt und krank ist, für den sie aber der letzte Grund ist, für den es sich noch zu leben lohnt; der sie mit Leib und Seele und zu seinem Glück ihren Leib und ihre Seele braucht?

Die Geschichte von *Jane Eyre* wurde von einer kühnen, furchtlosen, glühenden Seele geschrieben, die alle mitreißt, die bereit sind, gemeinsam mit ihr dem Los des armen Waisenkindes zu folgen, und ihre Sprache, diese vom Anfang an atmosphärische Sprache schwingt und klingt im englischen Original beinahe wie Musik.

Das kann auch Emily Brontë in *Wuthering Heights*, aber die Härte, Brutalität und Wucht, mit der die Menschen dort aufeinander losgehen, lässt einen ebenso zurückprallen, wie man sich dem Geschehen nicht entziehen kann.

Auch Anne Brontë lässt in *Agnes Grey* und *The Tenant of Wildfell Hall* ihre Leserinnen und Leser direkt in das Herz ihrer Heldinnen blicken, spricht ebenso unverstellt und unmittelbar aus ihnen heraus wie Charlotte und Emily.

Neben den Schwestern Brontë kenne ich nur einen Schriftsteller, der ebenso tief in die Herzen von Menschen geschaut und deren Regungen in vergleichbarer Weise zum Glühen gebracht hat: Stefan Zweig.

Allerdings lebte er einer anderen Zeit, einem anderen Umfeld und bewegte sich in ganz anderen Lebens-verhältnissen als die Pfarrerstöchter aus Yorkshire.

Er entstammte einer gebildeten jüdischen Industriellenfamilie, die seiner Entwicklung und seinem Weg nie Steine in den Weg legten, die seine Neigungen und Interessen nicht nur tolerierten, sondern auch förderten.

Und er lebte in einer sowohl den Geist als auch die Sinne anregenden, offenen und toleranten Welt, durchquerte auf seinen Reisen Europa und die USA, ja, gelangte per Schiff sogar bis in den fernen Osten. Auf seinen Reisen hat er viel gesehen und kennengelernt und alles genossen, was ihm auf seinem Weg begegnete.

Stefan Zweig war nicht nur geborener Wiener, sondern blieb seiner Stadt Wien bis ans Ende seines Lebens verbunden und kam von seinen zahlreichen Studien und Bildungsreisen immer zurück nach Hause.

Doch im Zuge des Ersten und Zweiten Weltkrieges ist die Welt, die er kannte und alles, was für ihn dazu gehörte, in Trümmer zerfallen. Er hat dagegen gekämpft, gesprochen und geschrieben, wo und wann er konnte. Aufhalten konnte er den Zerfall der Welt und den Rückfall der Menschheit in die Barbarei ebenso wenig wie Kurt Tucholsky, Thomas und Heinrich Mann oder Erich Kästner.

Zur selben Zeit wie die vorgenannten Schriftsteller und gemeinsam mit vielen anderen namhaften Intellektu-ellen, Dichtern, Wissenschaftlern, Komponisten und Musikern floh er vor Hitler und der NS-Diktatur, zuerst in die Schweiz, dann in die USA und schließlich nach Brasilien.

Das Einzige, das ihm noch möglich war: die Menschen und Dinge, die ihm etwas bedeuteten und in der Welt, die er gekannt hatte, von Bedeutung gewesen waren, für die Nachwelt festzuhalten und zu hinterlassen.

Doch eines hat Stefan Zweig mit den drei unscheinbaren und bescheidenen Schwestern aus England gemeinsam: Sowohl seine Porträts menschlicher Konflikte und Befindlichkeiten als auch seine melodische, schwingende, vor Lebensnähe überquellende Sprache ziehen den Leser unwiderstehlich ins Geschehen.

Auch ihm ist keine Höhe und kein Abgrund fremd, und wie die Brontës fühlt und lebt auch er mit seinen Gestalten vom ersten bis zum letzten Wort.

Und so muss der Leser, der sich auf Stefan Zweigs Seelengemälde einlässt, die er vor dem inneren Auge entwirft, jener Frau oder jenem Mann auf ihrem Weg folgen, kann nicht mehr aufhören, wenn ihn die Worte in ihren Sog ziehen. Erst mit dem Ende der Geschichte ist es ihm möglich, aus dem Sog wieder an die Oberfläche emporzutauchen.

Sowohl die Begegnung mit Charlotte, Emily und Anne Brontë als auch mit Stefan Zweig verdanke ich Christine und Inci, meinen beiden Studienkolleginnen in Erlangen.

Und den Vorgenannten verdanke ich den Grund und Boden, auf dem sich mein eigenes Schreiben nach und nach entwickelte, wuchs und gedieh.

6. Freude an der Musik – Leonard Bernstein

Als erstes muss ich zugeben, dass ich nicht von der klassischen Musik herkomme. Zu Hause bei meinen Eltern hörten wir hauptsächlich volkstümliche Musik, Revuen und die Hitparade mit deutschen Schlagern. Gern hätte ich als Kind Akkordeon oder Klavier zu spielen gelernt, aber für den Unterricht hatten meine Eltern kein Geld.

Als meine Schwester mit achtzehn Jahren unser Elternhaus verließ, ließ sie ihre Blockflöte zurück und hat sich nie mehr für sie interessiert. Also schnappte ich sie mir und versuchte, auf ihr aus dem Gedächtnis Lieder zu spielen, deren Melodie ich im Kopf hatte. Irgendwann hörte die Blockflöte auf zu heulen wie ein Sturm im Schornstein, wenn ich hineinblies, und die Melodie kam heraus, wie sie in meinen Ohren klingen sollte.

Später, als ich in Coburg und Erlangen Fremdsprachen studierte, bekam ich einmal zu Weihnachten eine Gitarre geschenkt. Es gab damals ein sehr schönes Buch mit den besten Songs aller Zeiten, und über jeder Songzeile waren die dazu gehörenden Gitarrenakkorde auf dem Griffbrett dargestellt. Anhand einer Übungskassette brachte ich mir die Akkordgriffe und ein paar einfache Läufe bei und schrammelte und zupfte auf der Gitarre herum, bis mir eines Tages immerhin die Läufe zu *Scarborough Fair* von Simon & Garfunkel gelangen.

Diese Gitarre habe ich längst nicht mehr, und wenn ich eine hätte, müsste ich wieder ganz von vorn anfangen…

Zwei Sendungen gab es, mit denen ich im Fernsehen nie viel anfangen konnte, die aber zum Pflichtprogramm meiner Familie gehörten: Die Quizsendung *Erkennen Sie die Melodie?* mit Günther Schramm und *Der Blaue Bock* mit Heinz Schenk als Moderator. In diesen Sendungen ging es ausschließlich um klassische Opern- und Operettenarien.

Leider konnte ich auf Grund meines auf hohe und grelle Tonfrequenzen empfindlich reagierenden Gehörs aus den Stimmen der Sängerinnen und Sänger keinen Wohlklang heraushören. In meinen Ohren und Nerven waren die Koloraturen der Sopranistinnen ein einziges Klirren und Schrillen, während die Tenöre und Bässe in ihren Arien für mich brüllten wie brünstige Stiere beim Anblick einer Kuh. Vor allem kamen mir diese klassisch ausge-bildeten Stimmen gespreizt und künstlich hochgezüchtet vor.

Heute singen Opernsängerinnen und -sänger anders, tiefer, weicher und runder als früher, so dass ich inzwischen auch sie mit Genuss hören kann. Trotzdem sind mir schöne, durchaus auch raue, aber unverfälschte Naturstimmen immer noch lieber.

Etwa um 1979 kam die erste Aufnahme der *Rock Symphonies* vom London Symphony Orchestra heraus. Bei der ersten Aufnahme sind sie nicht so vorgegangen wie später – dass sie einfach die Melodie eines klassischen Rock- oder Popsongs mit Streichern und Bläsern spielten –, sondern haben Songs wie *Hey Joe* von Jimi Hendrix, *Superstition* von Stevie Wonder und *Pinball Wizard* aus der Rockoper *Tommy* von The Who variiert, umspielt und phrasiert. In diesen Instrumentalstücken, die in Wahrheit durchkomponierte Minisymphonien waren, tat sich für mich eine ganze Welt auf.

Es gibt Leute, die in ihrer Vorstellung Farben und Farbmuster sehen, wenn sie bestimmte Töne und Melodien hören; Synästhesie nennt sich das. Bei orchestraler Instrumentalmusik geht in meiner Vorstellung der Vorhang auf und gibt eine Kinoleinwand frei. Es entstehen Bilder von Stürmen, reißenden Flüssen, Vulkanausbrüchen oder eine komplette Filmszene, je nachdem, was für Bilder eine Melodie in einer Klavier- oder Violinsonate oder einer Symphonie heraufbeschwört.

1980 hörte ich erstmal *Die Moldau* aus dem *Vaterland*-Zyklus von Bedřich Smetana. Hier geht es in allen drei Sätzen um jenen Fluss, der in zwei kleinen Flüssen – der heißen und der kalten Moldau - in Moldawien den Karpaten entspringt, sich in Böhmen vereint und hindurchfließt und bei Usti nad Labem bzw. Aussig in die Elbe mündet. Und die Elbe mündet – wohin? Ins Meer.

Der erste Satz stellt den Fluss selbst vor, und zwar von den beiden kleinen Quellen ausgehend, die dem Gebirge entspringen. Munter und vergnügt plätschern sie talwärts und streben einander entgegen, bis sie schließlich zusammentreffen und ineinander aufgehen. Ab diesem Zeitpunkt wird die Moldau zu einem mächtigen Strom. Man spürt und hört die sich vereinenden Wasserschichten, sieht den Fluss am Tag im Sonnenschein oder in der Nacht im Licht der Straßenlaternen leuchten wie flüssiges Gold.

Der zweite Satz zeigt mit sanft und weich tönenden Waldhörnern und Trompeten die wogenden böhmischen Höhen und Täler mit ihren tiefen Wäldern. Am Tag prescht eine Jagdgesellschaft zu Pferde unter schallendem Hörnerklang durch den Wald. Man hört die Pferde galoppieren, sieht die kreisende Bewegung ihrer wirbelnden Hufe, spürt die kreisende Bewegung, die im selben Rhythmus durch die Hüften der Reiter geht.

An einem Ufer findet eine Bauernhochzeit statt. Nach der sittsamen, andächtigen Trauung in der Kirche tanzt die Hochzeitsgesellschaft einen fröhlichen, ausgelassenen slawischen Tanz. Eine *Polka* ist es nicht. Dem Klang und Rhythmus nach könnte es eine Skoč*na* sein wie der Slawische Tanz Nr. 7 von Antonin Dvořak.

Und in der Nacht tanzen zum zarten, gerade noch hörbaren Sirren und Flirren der Geigen heimlich, leise und schwerelos die Elfen im Mondenschein.

Im dritten Satz fließt die Moldau schließlich durch Prag, unter allen Brücken hindurch und am Hradschin und Vyšehrád vorbei. Was mir

Prag und die *Moldau*-Melodie bedeuten, steht im Kapitel *In einem unbekannten Land* ausführlicher geschrieben. Schließlich wirft sie sich in einen reißenden, stürzenden Wasserfall und löst sich in der Elbe – und damit im fernen, endlos weiten Meer – in Wohlgefallen auf…

Seit der *Moldau* habe ich begonnen, klassische Instrumentalmusik im weitesten Sinn zu lieben, auch wenn mir als dreizehn-, vierzehnjährigem Mädchen Pop- und Rockmusik lieber war. Die einzigen beiden Kriterien, die für mich in der Musik zählten und auch heute noch zählen: 1. Gibt es eine wohlklingende Melodie, die einem nicht mehr aus dem inneren Ohr geht, so dass man sie den ganzen Tag summen oder singen könnte? 2. Birgt die Musik Bilder, Stimmungen, Emotionen?

Auch in der Literatur ist das bei mir so. Bei einem Buch frage ich nicht danach, welch geistige Klimmzüge oder welch verbalzirzensische Sensationen ein Schriftsteller mit seiner Sprache vollführt.

Ein Intellektueller oder ein kühl mit der Sprache kalkulierender Techniker gibt mir nichts; umgekehrt würde es mir nicht im Traum einfallen, mich für eine Intellektuelle oder eine sprachtechnische Virtuosin zu halten.

Ich stelle an ein Buch nur zwei Fragen: 1. Berührt mich die Sprache, in der das Buch gehalten ist, vom ersten Satz, von der ersten Seite an, so dass ich nicht mehr aufhören kann zu lesen? 2. Zieht mich das Buch in seine kleine kompakte Welt hinein; sehe und höre ich, fühle ich mit, was in dieser Welt geschieht?

Sind diese beiden Kriterien gegeben, kann ein Schriftsteller meinetwegen schreiben, was und worüber er will.

Was mich konkret auf Leonard Bernstein vorbereitet hat?

In den zwei Jahren, in denen ich Englisch als Hauptsprache, Französisch als Nebensprache und Geisteswissenschaften am Institut für Fremdsprachen und Auslandskunde bei der Universität Erlangen-Nürnberg studierte, hatte ich mit zwei Studentinnen ein Jahresabonnement für das Markgräfliche Theater.

Natürlich nützten wir das Abonnement aus und sahen jedes Stück, das dort aufgeführt wurde, aber ein Stück liebten wir drei mehr als alles andere: Die *West Side Story* in der amerikanischen Originalfassung.

Zum einen ist dieses Musical sowohl von der Handlung als auch von den Szenen und Choreographien ganz einfach packendes, spannendes, mitreißendes Kino vom Anfang bis zum Ende. Wir erinnern uns:

In der Bronx auf der Insel Manhattan geraten zwei feindliche Jugendbanden aneinander: die einheimischen *Jets* – Polen, Iren, Juden, deren Eltern auch irgendwann einmal eingewandert sind - und die aus Puerto Rico neu und erst vor kurzem eingewanderten *Sharks*.

Erst necken die *Jets* die *Sharks* nur, verspotten und verhöhnen sie, nehmen ihnen auch mal beim Spielen den Ball weg. Dann prügeln sie sich, wollen wissen, wer im Revier der Stärkere ist und das Sagen hat. Um das zu klären, machen sie einen Showdown aus: Ein Faustkampf ohne Waffen um Mitternacht, in der Absperrung unter der Autobahnbrücke.

Leider halten sich die Beteiligten nicht an die Abmachung. Die beiden Bandenführer, Riff von den *Jets* und Bernardo von den *Sharks*, haben zur Sicherheit ihr Messer mitgenommen. Am Ende des Showdowns rammt Bernardo Riff sein Messer in den Leib.

Als Riffs bester Freund Tony - der mit allen Mitteln ein Blutvergießen verhindern und die verfeindeten Banden versöhnen wollte, weil er sich in Maria, Bernardos Schwester, auf einem Tanzabend in der Turnhalle verliebt hat – sieht, wie sein Kumpel seit Kindertagen zu Boden geht und stirbt, sieht er rot. Tony schnappt sich das Messer, sticht den Anführer der *Sharks* nieder, und am Ende des Showdowns liegen zwei Leichen unter der Autobahnbrücke.

Es gelingt Tony, zu fliehen und heimlich Maria aufzusuchen. Ihr Entsetzen und ihr Schmerz über den Tod ihres Bruders ist groß. Doch ihre Liebe zu Tony ist größer, so dass aus ihrer rasenden, verzweifelten Attacke ein Halt- und Trostsuchen und dann eine ebenso verzweifelte Liebesnacht wird.

Was für eine Chance hat die Liebe von Tony und Maria in einer solchen Konstellation? Keine, es sei denn, es gelingt ihnen, abzuhauen und irgendwo, weit weg vom Schlachtfeld der Bronx, ein neues Leben anzufangen.
Tony und Maria machen aus, dass sie sich am nächsten Abend an der Bushaltestelle treffen und miteinander in ein neues Leben fahren wollen.

Dann muss Tony fliehen, denn Anita klopft bei Maria an die Tür, wohl, um bei ihrer Freundin Trost über den Tod ihres geliebten Bernardo zu suchen. Auf Bitten von Maria geht Anita trotz ihrer Trauer um Bernardo ins Hauptquartier der Jets, um sie zu warnen, dass Chino, der angedachte Verlobte Marias, mit einer Pistole unterwegs ist und auf Tony Jagd macht.

Zum Dank dafür, dass Anita ihre Trauer um Bernardo und ihren Zorn auf Tony überwindet und sich mitten ins feindliche Wespennest begibt, *um dem Mörder ihres Geliebten beizustehen*, wird sie von fünf *Jets* verhöhnt und herumgestoßen, von vier *Jets* zu Boden gezerrt und festgehalten und vom fünften vergewaltigt.

Überwältigt von schmerzerfülltem, rasendem Hass schleudert Anita den Jets die Lüge entgegen, dass Chino das Verhältnis zwischen Maria und Tony herausgefunden und Maria aus Eifersucht getötet hat.

Tony muss also glauben, dass Maria von Chino umgebracht wurde. Er hat seine große Liebe verloren, und der Schmerz bringt ihn schier um. Er irrt durch die Straßen und brüllt ihn in die Welt hinaus: „Chino, wo bist du? Komm heraus und töte auch mich! Chino, verdammt noch mal, wo bist du? Komm und töte auch mich!"

Und da - er glaubt seinen Augen nicht zu trauen - sieht er Maria genau an der Bushaltestelle stehen, an der sie sich zur gemeinsamen Flucht verabredet hatten. Er eilt ihr entgegen.

In dem Moment taucht Chino auf und erschießt Tony von hinten. Er stirbt in Marias Armen.

Was das für Maria bedeutet, kann man sich denken. Sie fordert von Chino die Pistole, will alle *Jets* und *Sharks* töten, die um sie herumstehen und gaffen, und sich als Letztes die Kugel geben. Eine nachfühlbare, verständ-liche Reaktion.

Doch allein Maria gelingt es, sich selbst Einhalt zu gebieten und auf Rache und Mord zu verzichten. Sie lässt die Waffe sinken und streckt stattdessen beide Hände nach einem der *Jets* und einem der *Sharks* aus. Am Ende tragen die *Jets* und *Sharks* Tonys Leiche gemeinsam fort, während Maria gleich einer Witwe in ebenso tiefer wie stolzer Trauer zurückbleibt und als Letzte geht.

Was am Verlauf der *West Side Story* und am Verhalten und Handeln der Protagonisten bemerkenswert ist:

Die Handlung wie auch die Songtexte und Dialoge wurden von Erwachsenen geschrieben, aber man merkt es nicht. Und die Melodien der Lieder sind so elementar und zeitlos, dass sie in jedem Alter angenommen werden können.

Vor allem aber: Dieses Musical wird vom Anfang bis zum Ende aus der Perspektive Jugendlicher erzählt.

Jugendliche, die noch nicht viel erlebt und erfahren haben, aber viel ahnen und spüren. Jugendliche, die in eine brutale, gnadenlose Welt geschmissen werden, deren Gesetze sie nicht verstehen, eigentlich ablehnen, aber ihnen folgen, ob sie es wollen oder nicht. Jugendliche, die ihren Platz in der Welt, ihre Haltung zum Leben und seinen großen Fragen suchen und darum ringen.

Erwachsene halten Jugendliche für hohle, gedankenlose, oberflächliche Egomanen. *Doch ihr äußeres Gehabe ist nur Tarnung, um den Erwachsenen keine Angriffsfläche zu bieten!*

Meine beiden Studienkolleginnen und ich waren damals mit achtzehn, neunzehn Jahren fast noch Jugendliche. Also sprach uns die *West Side Story* unmittelbar aus der Seele, und wir kannten dieses Stück in- und auswendig.

So zum Beispiel hat eine von ihnen aus *I Feel Pretty* eine eigene Parodie gemacht:

> *„I feel tired,*
> *Oh so tired,*
> *I feel tired and weary and low*
> *And I pity*
> *Myself most of all girls in the world…"*

Ich selbst kenne noch heute die Melodien aller Songs und die Leitmotive der Tanzchoreographien, aber mehr als alle anderen Lieder liebte und liebe ich *Maria*. Nie würde ich dieses Lied singen, ich will es von einem Mann hören und habe es inzwischen schon viele Male gehört.

Doch noch heute kann ich schwören: Niemand singt *Maria* besser als Karel Gott! Wer sich einmal seine Aufnahme aus 1968 anhört, in der er dieses Lied auf Tschechisch singt – und man sollte ihn in seiner Heimatsprache hören, auf Deutsch oder Englisch klingt das Lied bei ihm härter, als es gemeint und gedacht ist -, der *weiß*, warum Leonard Bernstein ihm erlaubt hat, es auf seinen Konzerten zu singen.

Dagegen sang ich *Tonight* und *Somewhere* immer wieder vor mich hin. Als ich nach einer feuchtfröhlichen Weihnachtsfeier einmal vier halbe Gläser Wein intus hatte, habe ich mit diesen Liedern einen Bahnsteig am Ostbahnhof in voller Lautstärke beglückt. Doch seltsamerweise stopfte mir kein einziger Passant den Mund, der auf dem Bahnsteig stand und zum Mithören gezwungen war, und es kam auch kein Polizist, der mir das Singen verbot und mich in eine Ausnüchterungszelle steckte.

So standen die Dinge, als ich im Jahr 1988 zufällig in den Festakt aus Anlass von Leonard Bernsteins siebzigstem Geburtstag in der New Yorker Carnegie Hall geriet, der damals von allen Fernsehsendern weltweit übertragen wurde.

Bis zu diesem Abend hielt ich die sogenannte klassische Musik für etwas Stocksteifes, in sich Erstarrtes und Lebensfeindliches, und so wurde sie häufig auch von Dirigenten der damaligen Zeit verkauft, vor allem von deutschen. Einen Dirigenten wiederum hielt ich für einen strengen, wenn nicht gnadenlosen Zuchtmeister, der seine Musiker im Orchestergraben oder in den Stuhlreihen mit dem Taktstock brutal verdrosch, wenn sie nicht genau so spielten, wie er es gebot.

Bis Leonard Bernstein nach all den Ständchen und Ruhmesreden, die ihm dargebracht wurden (und die er, wenn ein alter Freund oder eine Freundin ihn mit einem Auftritt besonders rührte, hinter seiner Sonnenbrille verbrachte), am Ende den Taktstock überreicht bekam und aufgefordert wurde, seine New York Philharmonics zu dirigieren. Welche seiner eigenen Symphonien es war, die gespielt werden sollte, wusste ich nicht, und es hat auch keine Rolle gespielt.

Wenn Leonard Bernstein das Dirigentenpult ansteuerte, dann immer sachlich, knapp und bescheiden. Sobald er den Taktstock in der Hand hatte, geschah in etwa Folgendes:

Der Mann am Pult schließt für ein paar Augenblicke die Augen, zieht sich ganz in sich selbst zurück, dann sieht er auf. Ein Wink seiner Hand, die er ausstreckt, ein kaum merkliches Zucken mit dem Taktstock. Die ersten und zweiten Geigen beginnen leise, kaum hörbar zu sirren und zu flirren; ihr Klang wird nach und nach stärker und intensiver. Der Taktstock in seiner Hand wippt; aus dem Sirren und Flirren formt sich eine Melodie.

Von diesem Augenblick an spiegelt sich jede musikalische Phrase und jeder musikalischer Ausdruck in seinen Zügen wider. Er gebietet nicht etwa der Musik, er überlässt sich ihr mit Haut und Haaren, lässt sie durch sich hindurchsprechen; sie wühlt sich durch sein Gesicht, durch jeden Millimeter Haut und jede Falte.

Von diesem Gesicht mit den geschlossenen Augen geht in diesem Moment eine Intensität aus, die beinahe schmerzt, als wäre die Kamera zu vertraulich, zu intim.

In dem Adagio, das folgt, legt er den Taktstock weg, formt und modelliert die Musik in und mit seinen Händen. In diesem Moment erweckt er den Eindruck eines Liebhabers, der sinnlich und einschmeichelnd seine Geliebte umwirbt, deren ergebener Diener er ist.

Der nächste Satz. Seine Augen öffnen sich; er greift wieder nach dem Taktstock. Diesmal ist die Melodie anders, energisch, zupackend.

Mit einem Mal wird der Mann am Pult zum Berserker, der mit dem Degen -Pardon Taktstock – wie rasend um sich schlägt, um sich seiner Feinde zu erwehren, die ihm ans Leben wollen. Während er fuchtelt und hantiert, bewegen sich seine Lippen unablässig, formen Bitten,

Beschwörungen, Drohungen, Flüche. Irgendwie erwartet man, dass er jeden Augenblick in die Reihen der Musiker hinunterspringt, um die Musik förmlich aus ihnen herauszuschütteln.

Dann tritt in die Musik ein Ausdruck des Schmerzes, des Leidens, der Qual – ebenso in das Gesicht des Mannes am Pult. Die Leiden und Qualen, die sich in der Musik ausdrücken, erfassen und durchwühlen ihn bis ins Mark. Ist es Schweiß, der ihm in Strömen über das Gesicht rinnt, sind es Tränen? Wohl beides.

Der Satz der Symphonie endet leise, verhalten, wehmütig, aber hoffnungsvoll. Die Musik endet. Noch leuchtet das Gesicht des Mannes von innen heraus.

Applaus brandet auf. Der Mann öffnet die Augen und nickt vor sich hin, ein wenig zerstreut, ein wenig verwirrt. Seine Wangen und Augen sinken tief in die Höhlen. Er hat alles gegeben, stand im Elysium vor Gottes Thron und kehrt nun widerwillig und gezwungenermaßen auf die Erde zurück.

Von da an habe ich begriffen, was Musik in ihrem innersten Wesen ist: Das Element Feuer in all seinen Abstufungen und Graden. Ein unerschöpfliches, wundersames Lebenselixier. Vor allem aber die grenzenlose, uneingeschränkte Freiheit des Geistes und der Seele ohne Zwänge und Hemmnisse; Freiheit in ihrer reinsten Form.

Es geschah nicht von ungefähr, dass Leonard Bernstein nach dem Mauerfall 1989 in der Berliner Philharmonie in *Freude, schöner Götterfunken* das Wort Freude durch Freiheit ersetzte, denn für ihn waren Freude und Frei-heit ein und dasselbe.

Für mich auch.

Er hatte beides in der Musik, ganz gleich in welcher Form und welchem Genre.

Ich auch.

Und er hat die Musik von ganzem Herzen und mit ganzer Seele geliebt und sich ihr sein Leben lang als eine Art Medium zur Verfügung gestellt.

Weshalb er zum Medium der Musik werden konnte? Neben der Musik studierte er in Harvard Philosophie und Literaturgeschichte.

Das heißt, er hat sich nicht nur mit den Noten auf dem Papier auseinandergesetzt und sie ausgelotet, sondern auch die Zeit- und Kulturgeschichte und das Denken zur Zeit der Komponisten, mit denen er sich befasste, aufs Genaueste studiert, hat alles gesammelt und aufgesogen, was er über einen bestimmten Komponisten und eine bestimmte Zeit zu lesen bekam.

Dennoch hat er es geschafft, Musik so klar, einfach und einleuchtend zu erklären – auch den Aufbau einer Symphonie, die Fachbegriffe, die Genres, die Ausdrucksformen – dass jeder Laie, ja, jedes Kind es verstand. Und das wollte er. Zugleich war er nie ein trockener Buchgelehrter. Was er lernte und erfuhr, muss er in seiner Phantasie gesehen, gehört und gefühlt haben; und was er sah, hörte und fühlte, gab er in seinen gefilmten Unterrichtsstunden und während der Orchesterproben an seine Musiker weiter.

So war er nicht nur ein begnadeter Dirigent, sondern auch ein begnadeter Lehrer und Philosoph – oder sagen wir eher, *ein weiser Rabbiner* – und hatte, wenn er eine musikalische Phrase und die dazugehörige Emotion erklärte und schilderte, ein erstaunliches literarisches Talent.

Kurz: Er war wohl eines der letzten Universalgenies auf diesem Planeten!

Wie habe ich mit ihm in Gedanken auf Hauen und Stechen gestritten, wenn er sagte, Musik sei nichts als Noten auf einem Blatt Papier, sei Mathematik, sei nichts als c d e f g a h c, meinetwegen noch die Halbtöne nach oben und nach unten dazwischen!

Vor allem widersprach er sich selbst, denn wenn er seinen Musikern das Stück erklärte und vermittelte, das er mit ihnen einstudierte, gebrauchte er jedes Mal Bilder und Sinneseindrücke. Genau wie ich Bilder und Sinneseindrücke wahrnahm, wenn ich Musik hörte! Ich verstand nichts von Noten. Aber eine Symphonie verstand ich auf meine Weise sehr wohl!

Wie ich mit orchestraler Instrumentalmusik zurechtkam, wenn ich keine Noten lesen konnte? Ich holte mir aus der Musikbibliothek am Gasteig die Taschenpartituren der 5., 6. und 9. Symphonie von Beethoven, Schumanns *Rheinische Symphonie* – wie hat Lenny den Auftakt des ersten Satzes gesungen: *„Robert Schumann sitzt am Rheine, und er träumt von Heinrich Heine..."*, *Schuberts Unvollendete* – ein gnadenloses, zermürbendes Monument der Seelenqual und der darauffolgenden Erlösung, Mendelssohns *Schottische* und *Italienische Symphonie* – diese großartigen Stimmungsbilder der Romantik.

Parallel dazu besorgte ich mir die Symphonie auf Kassette. Dann nahm ich die Taschenpartitur zur Hand, schaltete den Kassettenrecorder auf „Play" und versuchte, mich an dem Instrument, das im Satz der Symphonie die Führung übernimmt, festzuhalten und durch die Taschenpartitur zu hangeln, wieder und immer wieder, bis ich den Verlauf eines jeden Satzes kannte.

Dann erst baute ich mich vor dem Kassettenrekorder auf, schnappte mir meinen Taktstock – zuerst war es nur ein Holzstab, den ich an der Spitze zurechtfeilte, später bekam ich von meinen Studienfreundinnen in Erlangen einen richtigen geschenkt – und legte los, versuchte, die Symphonie auf meine Weise umzusetzen und wiederzugeben, was sich in ihr abspielte.

Ganz nebenbei rechnete ich mit dem Taktstock in der Hand mit den Qualen meiner Kindheit und Schulzeit und den Widrigkeiten des Lebens ab. Ich konnte sie verprügeln, niederstrecken, aufspießen, in Grund und Boden hauen, alle, die mir je in meinem Leben weh getan hatten.

Erst jetzt und heute begreife ich, dass Leonard Bernstein womöglich verhindert hat, dass ich an irgendeinem Punkt meines Lebens zu einer Mörderin im Affekt oder gar zur Amokläuferin im echten, ursprünglichen Sinn des Wortes geworden bin. Dafür danke ich ihm und werde ihm bis ans Ende meines Lebens dankbar sein!

Nur eines war an ihm seltsam: So musikalisch er auch war, *Lenny konnte ganz einfach nicht singen*. Und das hat nichts damit zu tun, dass er Whisky trank und Kette rauchte. Joe Cocker und Rod Stewart haben auch geraucht und getrunken, haben raue, um nicht zu sagen heisere Stimmen; aber sie hören sich trotzdem gut an.

Lenny sang aber nicht nur rau und heiser; er sang, summte und brummte *total daneben*! Trotzdem hat jeder Musiker im Orchester und jeder Solist auf dem Podium verstanden, was er meinte und wollte…

So wurde Leonard Bernstein zu meiner zweiten ebenso großen wie rein platonischen Liebe meines Lebens. Für mich als zwanzigjähriges Mädchen war er so groß, so alt und weise und so weit entfernt von mir, dass ich allein seinen Geist und seine Seele zu lieben wagte. Nicht einmal im Traum wäre es mir eingefallen, von ihm körper-lich etwas zu wollen. Allein in der Musik war ich mit ihm eins.

Am 9. November 1989 versetzte er mir einen gehörigen Schreck. An dem Tag hat die Welt Beethovens Neunte Symphonie gehört, mit dem berühmten Chorsatz „Freiheit, schöner Götterfunken". Aber was *ich* an dem Abend sah, war ein von Medikamenten aufgeschwemmter, schwerkranker Mann, der sich mühsam auf das Dirigenten-pult schleppte.

Als er den Einsatz zur Neunten Symphonie geben wollte, wurde er von einem Hustenanfall heimgesucht und musste das Dirigentenpult verlassen. Erst zehn Minuten später tauchte er wieder auf und zog mit eisernem Willen die Symphonie durch, griff sich aber dabei immer wieder an die Brust, als leide er unter Atemnot oder versuche, einen erneuten Hustenanfall zu unterdrücken.

Im April 1990 kam Leonard Bernstein noch einmal nach München, um im damals noch existierenden Kongress-saal des Deutschen Museums mit dem Chor und Orchester des Bayerischen Rundfunks das *Ave Verum Corpus* und das *Requiem* von Mozart zu dirigieren. Dieses Ereignis ließ ich mir nicht entgehen, und wenn es hunderttausend Euro - damals noch Mark - gekostet hätte oder ich am nächsten Tag pleite gewesen wäre!

Zu meiner Erleichterung sah er viel besser aus als am 9. November 1989 in Berlin und kam gut durch die Chor-sätze; aber er dirigierte auf Sparflamme, was er sonst nie getan hat. Und nach dem Konzert zeigte mir ein enger weiblicher Fan, der ihn gut kannte, von ihm ein Foto, auf dem er aussah *wie der leibhaftige Tod*.

Weshalb ich an dem Tag nicht versuchte, zu ihm zu gehen und ihm zu sagen, wieviel er mir bedeutete und wie sehr ich ihn verehrte? Weil ich womöglich nur ein blödes, sinnloses Gestammel herausgebracht hätte. Und ich hasse es, mich vor Leuten lächerlich und zum Narren zu machen, vor denen ich Achtung habe und die mir etwas bedeuten. Überhaupt hasse ich es, mich lächerlich und zum Narren zu machen, ganz gleich in welcher Situation!

Als er am 13. Oktober 1990 weltweit bekanntgab, dass er nicht mehr öffentlich als Dirigent auftreten würde, wusste ich, dass dies seine Todesanzeige war; denn ohne Musik machen und sich den Menschen mitteilen zu können, würde er eingehen wie eine Primel.

Ich hatte mich nicht getäuscht. Am 14. Oktober 1990 starb er mit zweiundsiebzig Jahren.

Als ich früh am Morgen von seinem Tod erfuhr, habe ich am selben Abend ihm zu Ehren zum letzten Mal Beethovens Neunte Symphonie dirigiert, seine und meine Lieblingssymphonie.

Danach habe ich nie wieder einen Taktstock angerührt bis auf dieses eine Mal im „Haus der Musik" in Wien. Wieso ich es an dem Tag tat, weiß ich nicht. Ich konnte mich der Musik nicht mehr zur Verfügung stellen.

Denn dafür, dass er mir den Schlüssel zur Musik überreicht und mir eine Welt aufgeschlossen hat, die mit Gesetzen ohne Zwang und Gewalt regiert; dafür, dass er meinem Geist und meiner Seele zur Freiheit verhalf; dafür, dass er mir half, die Schmerzen meiner Seele und meines Herzens zu lindern und zu heilen, habe ich diesen Mann mehr geliebt als die Musik selbst.

Leonard Bernstein war der Maestro. Ich habe nur getan, als wäre ich einer, wusste aber ganz genau, dass ich es nicht war und nicht bin.

Eine Eigenschaft, die ich mit ihm teile, ist mir aber bis auf den heutigen Tag geblieben: Die Neugier auf Musik an sich und die einzige Frage, die ich an sie stelle und die für mich zählt: gute oder schlechte Musik? Bei mir müssen zwei Grundvoraussetzungen gegeben sein, damit eine Musik gut ist:

1. Geht von der Musik, die ich höre, ein Wohlklang aus; mag mein Ohr sie?

2. Dient die Musik auf irgendeine Weise der Läuterung und Reinigung der Seele, oder ist sie ein Mittel der Manipulation, um Menschen gegeneinander aufzuhetzen?

Musik an sich ist nichts Gutes oder Schlechtes; es kommt darauf an, in welcher Absicht und zu welchem Zweck sie eingesetzt wird.

7. I'm Never Ever Saying Goodbye – Freddie Mercury und Queen

Die Bedeutung der Musik von Queen und Freddie Mercury in meinem Leben ist eine laaaaaaaaaaaaaannnnge Geschichte. Er mochte nichts, das lange gedauert hat, ist sein Lebtag von einer Idee zur nächsten gesprungen, bis er gegen Ende seines Lebens leider kaum mehr irgendwohin springen konnte.

Also versuche ich, mich so kurz wie möglich zu fassen, und beschränke mich auf vier Punkte:

1. Als Kind habe ich auf grelle, schrille, durchdringende Töne empfindlich reagiert. Das Jaulen einer Bohr-maschine, deren Bohrer sich in eine Wand frisst, der Klang einer Kreissäge, den Hermann Hesse einmal als ein bösartiges, schartiges Kreischen bezeichnet hat, verursachte meinen Ohren und Nerven Höllen-qualen, so dass ich vor solchen Geräten jedes Mal so rasch wie möglich Reißaus nahm.

   Eine Tante von mir war wohl der Meinung, eine wunderschöne Stimme zu besitzen, denn an Weih-nachten und Ostern sang sie die Lieder aus dem evangelischen Kirchengesangbuch jedes Mal voller Inbrunst. Ihr Sopran klang zwar klar und auch nicht falsch, aber so schneidend, dass er mir jedes Mal in die Kiefer, ja in sämtliche Zähne fuhr, wenn ich neben ihr in der Kirchenbank saß, so dass mein Mund wie zugenäht war und ich keinen Ton herausbekam.

   Die Empfindlichkeit meines Gehörs und meiner Nerven ließ nach, als ich zwölf Jahre alt war und von der Haupt- auf die Realschule wechselte. Vor allem aber waren die 1980er Jahre das Jahrzehnt der hellen, klaren, durchdringenden Männerstimmen wie die von Phil Collins, Bono und Sting.

   Mit Hilfe dieser Herren habe ich mich ohne Zwang und wie von selbst nach und nach mit hohen Tonfrequenzen versöhnt. Doch damals waren mir die rauen aber tiefen Stimmen von Joe Cocker und Bruce Springsteen bzw. die hellen, aber weichen und gedämpften von Paul Simon und Art Garfunkel lieber. Aber zu den beiden komme ich an geeigneter Stelle noch ausführlich zu sprechen.

Zu der Zeit, als ich ein Teenie war, kam niemand an der Musik von Queen vorbei, so wie ich es in
I Want to Break Free geschildert habe; jenes eine Lied, das ich mochte. Doch ehrlich gesagt – sorry, Brian May! - klang für mich die E-Gitarre, die in der Musik von Queen die (mit)tragende Rolle spielt,
zu grell und zu extrem verzerrt, als dass ich damit je ganz warm geworden bin.

Und die Stimme von Freddie Mercury, eine jener Stimmen, die man unter Tausenden erkennt, möchte ich als einen starken, gewaltigen Lichtstrahl bezeichnen, der mit Eisenfeilspänen besetzt ist. Eigentlich wäre sie sanft und volltönend; aber irgendwann kommt immer der Moment, da aus ihr scharfe Krallen wachsen, die an einer unsichtbaren Wand herunterkratzen… Sprich, vor ihm mit seinem herrischen Gebaren auf der Bühne, als wolle er mit seinem Mikrofonständer jemanden erschlagen, und seiner Stimme hatte ich als junges Mädchen geradezu Angst.

2. Es muss um 1985 gewesen sein, als sich weltweit ein Stamm neuartiger, vorher noch nie dagewesener Viren auszubreiten begann. Die Wirte der HIV-Virengruppe waren Meerkatzen am Ufer eines Flusses in Westafrika, die Menschen bissen und so das Virus übertrugen, und die Menschen übertrugen und holten sich die vom Virus ausgelöste Krankheit, die AIDS (Acquired

Immune Deficiency Syndrome) genannt wurde, hauptsächlich durch Geschlechtsverkehr oder verunreinigte Heroinspritzen.

Erst hieß es, nur Homosexuelle und Heroin-Fixer würden sich diese Krankheit zuziehen. Doch durch verseuchte Blutkonserven erkrankten bald auch Heterosexuelle, und durch verunreinigte Infusionskanülen und Skalpelle auch Ärzte und Pfleger von Patienten in Krankenhäusern.

HIV und AIDS suchte die Welt zu einer Zeit großer sexueller Toleranz und Freizügigkeit heim, in der Geschlechterrollen hinterfragt wurden, Männer sich zu weiblichen und Frauen sich zu männlichen Persönlichkeitsanteilen bekannten und es kein Kapitalverbrechen mehr war, lesbisch oder homosexuell zu sein. Doch mit dem Siegeszug dieser Krankheit trat an die Stelle von Freizügigkeit und Offenheit wieder uraltes Misstrauen und Angst.

HIV und AIDS hat damals beinahe Sex und die Fortpflanzung an sich in Frage gestellt. Denn wer wollte sich darauf einlassen, wenn man sich dabei eine tödliche, unheilbare Krankheit zuziehen konnte, bei der sich Tumore und Pilze rasend schnell im Organismus eines Erkrankten verbreiten und für grauenvolle Schmerzen und neurologische Ausfallerscheinungen sorgen? - Ich nicht. Niemals.

Eine Freundin von mir, die damals Medizin studierte, hat mich in ein AIDS-Symposium von Ärzten und Pflegern im Münchner Sheraton-Hotel mit hineingeschmuggelt, weil ich mehr und Genaueres über den unsichtbaren Feind wissen wollte, der uns da heimsuchte. Und ich kann schwören, dass Ärzte und Pfleger weltweit ebenso fieberhaft und verzweifelt wie vergeblich nach einem Mittel gesucht haben, das Virus in den Griff zu bekommen, wenn sie es schon nicht eliminieren konnten. Sie taten, was sie konnten, aber am Ende konnten sie leider nur zusehen, wie ihre Patienten nach und nach daran eingingen.

Heute ist es möglich. Mit einem ganz bestimmten Impfstoff

kann man das HIV-Virus im Blut isolieren und einkapseln, so dass es zwar ein Leben lang dort bleibt, aber im Organismus eines Menschen nicht mehr unaufhaltsame Zerstörung anrichtet. Aber bei den Erkrankten der ersten Generation war es von 1985 bis etwa 2000 ein sicheres Todesurteil.

Und einer von denen, die sich mit dem HIV-Virus zu dieser Zeit infizierten, war eben Freddie Mercury. In Deutschland hörten und lasen wir davon relativ wenig; aber in England wurde er seit 1985, als er noch gar nicht wusste, dass er sich das Virus eingefangen hatte (der Film *Bohemian Rhapsody* greift dem tatsächlichen Verlauf der Ereignisse weit voraus), von der Presse gejagt und verfolgt wie von einer geifernden, jagdlüsternen Meute, die Witterung aufgenommen hat und ihre Beute gnadenlos und unerbittlich hetzt.

Bis am 23. November 1991 eine Pressemitteilung mit folgendem Wortlaut um die Welt ging:

„Auf Grund der enormen Mutmaßungen, die im Lauf der letzten Wochen und Monate um meine Gesundheit entstanden sind, möchte ich bestätigen, dass ich mich einem HIV-Test unterzogen habe, mit positivem Ergebnis. Mit anderen Worten, ich habe AIDS..."

Auch sein letztes Foto hat damals die ganze Welt gesehen. Daher finde ich nicht, dass es noch einmal hierhergehört, ebenso wenig wie seine verletzten, geschundenen Augen, wie ich sie bei einem Menschen bis zu diesem Tag noch nie gesehen habe.

Seine letzten Videoaufnahmen zu *These Are the Days of Our Lives* werden ihm meiner Meinung nach eher gerecht. Hier spricht aus seinem Gesicht, das die Krankheit auf die letzte Substanz reduziert hat, eine frappierende Unschuld und Reinheit.

Selbst wenn er vor dem Thron des Jüngsten Gerichts gestanden hätte und vor ihm das große Buch mit den Taten und Untaten seines Lebens aufgeschlagen worden wäre, ich wäre in den Himmel hinaufge-sprungen und hätte geschrien: „ E R   I S T   U N S C H U L D I G ! "

Nur einen Tag später, am 24. November 1991, folgte die Nachricht seines Todes.

3. Was sein Verlust für seine Freunde von Queen und für die Musikwelt als Ganzes bedeutet hat, habe ich erst zehn Jahre später in vollem Umfang erfasst. Gewiss war ich über sein Leiden entsetzt, doch damals trauerte ich noch um Leonard Bernstein. Weshalb um ihn und warum so lange, dazu komme ich in dem Kapitel, das ihm gehört.

Immerhin bekam ich in der Folgezeit mit, dass Brian May und Roger Taylor sagten, Freddie sei in sei-nem Privatleben sehr schüchtern, sanftmütig und freundlich gewesen; so ziemlich das genaue Gegen-teil von dem Bild, das er auf den Konzertbühnen dieser Welt verkörperte.

John Deacon hat sich über den Tod seines Freundes selten geäußert, sagte aber, mit Freddie sei auch Queen für ihn gestorben, und hat sich seit 1997 ganz aus dem Musikgeschäft zurückgezogen. Doch wer im Video zu *These Are the Days of Our Lives* und *No-One But You (Only the Good Die Young)* seine Augen gesehen hat, weiß, dass seine Trauer genauso tief ging, dass er aber zu denen gehört, die sie nicht nach außen tragen können und wollen.

Also musste ich den Mann, der Freddie Mercury war, wohl einen Großteil meines Lebens verkannt haben… Ich will versuchen, zwei Stationen zu rekonstruieren, die ihn für sein Leben geprägt, ja, sein Leben ausgemacht haben.

Es war einmal ein kleiner Junge namens Farrokh Bulsara, der wurde als Sohn zweier Parsen indischer Herkunft auf der Insel

Sansibar geboren. Mit neun Jahren fuhr er allein an Bord eines Schiffes nach Indien, um die nächsten acht Jahre seines Lebens in Hillside, einem Internat oberhalb von Mumbai - dem damaligen Bombay - zu verbringen. Übrigens nannte ihn schon in seiner Schulzeit jeder Freddie. Bald sang er im Schulchor, aber noch nicht solo, sondern spielte bei Konzerten und Festen Klavier und übte sich ansonsten im Boxen oder Tischtennis.

1963, als er siebzehn Jahre alt war, erlangte die Insel Sansibar die Unabhängigkeit von der britischen Krone, und die neue Regierung verwies alle Angehörigen des British Commonwealth des Landes.

Inmitten gewaltsamer, blutiger Unruhen packte Familie Bulsara Hals über Kopf ihre Koffer mit den notwendigsten Habseligkeiten und siedelte nach London über, wo sie sich in einem bescheidenen Vorort namens Feltham niederließ.

Die Ausweisung, die für seine Eltern ein herber, nie wiedergutzumachender Verlust gewesen sein muss, erwies sich für den Siebzehnjährigen als Glücksfall seines Lebens. Hier legte er seine Prüfungen zur Hochschulreife und für das Diplom als Graphikdesigner ab.

Und er lernte das pulsierende, schräge, verrückte Swinging London der 1960er und 1970er Jahre ken-nen und liebte England und sein neues Leben so sehr, dass er sich eine neue Identität in seinen Per-sonalausweis eintragen ließ: Aus Farrokh Bulsara wurde Freddie Mercury, aus dem Sohn verarmter und vertriebener Flüchtlinge schon zu Lebzeiten eine Legende.

Doch irgendwann während seiner Jahre im Internat oder im Zuge der Ausweisung muss er Dinge ge-sehen haben oder es müssen ihm Dinge zugestoßen sein, über die er nie sprach, die ihn aber für den Rest seines Lebens nie mehr losgelassen haben und die er vielleicht in seiner *Bohemian Rhapsody* zu verarbeiten versucht hat, einem Rätsel, an der sich Generationen von Interpreten die Zähne ausgebis-sen haben.

Gewiss besteht die *Bohemian Rhapsody* aus jeder Menge Theaterdonner und schrägem Witz. Doch jene Worte, mit denen der Solo-Part beginnt:

> **„Mama, just killed a man,**
> **Put a gun against his head,**
> **Pulled the trigger, now he's dead…"**

singt niemand, der einen Scherz machen will, selbst wenn die Worte nicht wortwörtlich so gemeint sind. Hier singt ein dunkler Engel in weißem Satin mit sanfter, ruhiger Stimme von entsetzlichen Dingen und schreit mit einem Mal all seinen Schmerz in die Welt hinaus - nein, schreit nicht, singt immer noch, als versuche er, jemanden vor dem Schlimmen, das er zu verkünden hat, irgendwie noch zu bewahren und zu schonen.

Und später dieses

„LET ME GO!" „B I S M I L L A H (Gottes Wille!)" „NO! WE'LL NEVER LET YOU GO!" „B I S M I L L A H"

ist ein apokalyptischer Furienchor direkt aus der entfesselten Hölle, die den dunklen Engel in weißem Satin gnadenlos in den Klauen hält, umherzerrt und auf ihn einkreischt. W Ü T ! T O B ! K E I F !

Irgendwann habe ich den Satz verstanden, der einmal in einer Münchner Zeitung über ihn geschrieben stand:

„Und es bleibt der Mensch, bei dem durch Stimme und Haut hindurch immer ein abgründiges Leiden aufscheint."

4. Es war im Jahr 2001, zehn Jahre nach Freddie Mercurys Tod, als eine große Lasershow mit den be-kanntesten Hits von Queen rund um die Welt ging.

Zu der Zeit befand ich mich in einer Phase großer Verzweiflung. Egal, wie sehr ich mich anstrengte, egal, was ich tat, nichts gelang mir. Ich saß in Umständen gefangen, die mir die letzte Kraft zu rauben drohten und aus denen es für mich keinen Ausweg zu geben schien, so dass ich nicht mehr leben wollte. Irgendetwas in mir raffte sich auf und ging in diese Lasershow.

An diesem Abend erfasste ich erstmals voll und ganz, was 1990 und 1991 geschehen war:

Ein Mann, der todkrank von einer unerbittlichen Meute gehetzt und verfolgt wurde, kämpfte Tag für Tag um seine Ehre und Würde, um sein Leben, um jedes Lied, um den Menschen genug Licht und Kraft für ein ganzes Elektrizitätswerk zu hinterlassen; man muss sich die Texte auf dem zweitletzten Queen-Album *Innuendo* nur einmal genau anhören. Und die Gewissheit seines nahen Todes hinderte ihn nie daran, das Leben zu lieben und sein Bestes zu geben.

Nirgendwo wird dies so deutlich wie in *The Show Must Go On*, seinem Schwanengesang.

Wo um alles in der Welt hat er aus diesem ausgezehrten, von Schmerzen gefolterten Körper diese mächtige, zum Himmel emporreichende Stimme hergeholt?

Die Worte

> ***„I FACE IT WITH A GRIN – I'M NEVER GIVING IN – ON WITH THE SHOW!"***

sind ein Aufbrüllen, das den Himmel gleich einem gleißenden Blitzstrahl zerfetzt und erbeben lässt.

Und da habe ich diese mächtige, gewaltige Stimme zu lieben gelernt und durfte mich an ihr und an der unglaublichen Kraft und Stärke dieses Mannes eine ganze Weile festhalten. Da habe ich begriffen, dass die scharfen Krallen, die aus dieser Stimme herauswachsen, nicht Menschen verletzen oder gar ver-nichten wollen, *sondern gegen das kämpfen, was Menschen verletzt und vernichtet.* Und ich habe das Licht, das von dieser Stimme und der Musik ausgeht, die sie trägt und transportiert, als neues macht-volles Lebenselixier genossen.

Seit ich dies erkannte und seit dieser Zeit spüre ich in mir die Verpflichtung, bis zuletzt um mein Leben und das, was mir wichtig ist, zu kämpfen und mein Bestes zu geben, solange mich meine Gabe nicht verlässt.

Bei Freddie waren es seine Stimme, seine schöpferische Kreativität und sein Können als Komponist und Textdichter, die ihm fast bis zum Ende erhalten blieben. Sollte ich jemals in eine ähnliche Lage geraten wie er, werden es bei mir hoffentlich mein Schreiben, mein Gehirn und meine fünf Sinne sein….

An dieser Stelle könnte einer Leserin oder einem Leser vielleicht der Gedanke in den Sinn kommen, dass es nach Horatio Hornblower und Leonard Bernstein noch eine große Liebe in meinem Leben gegeben haben könnte… Doch leider war und ist auch daran ein Haken: Freddie ist drüben auf der anderen Seite, im Elysium. Ich bin hier in dieser Welt. Deshalb mussten wir uns leider in beiderseiti-gem Einvernehmen trennen.

Denn ich habe auf dieser Welt noch nicht alle meine Hausaufgaben gemacht und darf, will und werde sie erst verlassen, wenn Gott eines Tages sagt: „Es ist genug" und mich in sein Elysium holt, wo ich alle wiedersehen werde, die mir in meinem Leben auf dieser Welt etwas bedeutet haben.

8. Gracias A La Vida Que Me Ha Dado Tanto– Frida Kahlo

Über den Tag, der das Leben von Frida Kahlo auf drastische Weise verändert und bis ans Ende ihrer Tage verpfuscht hat, würde eine deutsche Tageszeitung in unserer Zeit wohl wie folgt berichten:

„Schweres Busunglück in Mexico-Stadt

Am späten Nachmittag ist ein Lastkraftwagen, der Farben und Lacke transportierte, an einer belebten Kreuzung mit dem Linienbus kollidiert, der auf der Fahrt von Mexico-Stadt nach Coyoacan war. Bei dem Unglück gab es Tote und zahlreiche Schwerverletzte."

Zu dieser Zeit studierte Frida Kahlo Medizin und begann erst zu malen. Noch zeigte sie ihre ersten Gehversuche nicht in der Öffentlichkeit. Wären ihre Gemälde bereits bekannt gewesen, hätte die Zeitung über sie als Person der Zeitgeschichte und des öffentlichen Interesses auch die Details hinzugefügt, die sie betrafen:

„Eine Haltestange, die bei dem Aufprall des LKW aus ihrer Verankerung gerissen wurde, traf die Medi-zinstudentin und Malerin Frida Kahlo, durchbohrte ihre Wirbelsäule, Becken und Uterus und trat durch die Vagina aus. In einer mehrstündigen Operation gelang es den Ärzten, ihr Leben zu retten und die abgebrochene Haltestange zu entfernen."

Das also ist nüchtern und sachlich ausgedrückt passiert; aber allein die Worte genügen, dass sich einem vor Grauen die Eingeweide zuschnüren.

Was dieser Unfall für Frida Kahlo bedeutete, ist der Welt hinlänglich bekannt. Ihre Wirbelsäule wurde in ihrem siebenundvierzig Jahre währenden Leben sechsunddreißigmal operiert, und danach brachte sie Wochen im Streckbett zu. Um stehen und gehen zu können, musste sie ein schweres Stützkorsett tragen. Zwar wurde sie wiederholt schwanger, aber ihr geschädigter Unterleib konnte kein Kind halten und austragen. Nicht lange nachdem ihr der rechte Unterschenkel amputiert werden musste, starb sie mit 47 Jahren an einer Lungenentzündung.

All dies klingt bzw. liest sich wie ein Schicksalsdrama aus der BILD-Zeitung; aber es sind nackte Tatsachen, die von den behandelnden Ärzten dokumentiert und belegt sind. Und hinter diesen Tatsachen stehen, wenn man die Jahre vom Unfall bis zu ihrem Tod aufaddiert, 29 Jahre Schmerzen, Schmerzen und noch einmal Schmerzen.

Gott sei Dank habe ich in meinem Leben nur ganz selten unter körperlichen Schmerzen gelitten, die von innen kamen oder mir von außen zugefügt worden wären; nur die beiden Male, als ich mir das linke Knie verdrehte und mir einen Anriss des Innenbandes zuzog, und das andere Mal, als ich mir bei einer offenen Wunde am rechten Fußknöchel Streptokokken holte und ein Erysipel bekam, auch Wundrose genannt, das ich selbst zu kurieren versucht habe, so dass es beinahe zu einer Sepsis geworden wäre.

Den Ärzten des Universitätsklinikums Großhadern verdanke ich es, dass ich sowohl heute noch lebe als auch meinen rechten Fuß samt Unterschenkel nach wie vor habe. Doch die äußeren Male des Erysipels bleiben mir wohl bis zum Ende meines Lebens als warnendes Andenken, als Laie nicht klüger sein und es besser wissen zu wollen als Ärzte.

Durch meine beiden Innenband-Anrisse und das Erysipel weiß ich jetzt, was starke, um nicht zu sagen höllische Schmerzen sind, denen man nicht entkommen kann. Sie zermürben einen, machen einen fertig. Sie lauern im Hintergrund auf die Gelegenheit, um zuzuschlagen.

Dadurch gehen sie einem im wahrsten Sinne des Wortes auf die Nerven, so dass ich es den Leuten, die unter solchen Schmerzen leiden, nicht verübeln kann, wenn sie mürrisch und gereizt werden: Sie sind einem ungreif-baren Feind ausgesetzt, den sie nicht packen können und den sie gerne los wären, aber nicht los werden.

Doch als bei mir der Bänderriss bzw. das Erysipel heilte, vergingen gottlob die Schmerzen wieder. Frida Kahlo hat sechsunddreißig Jahre ihres Lebens unter höllischen Schmerzen zugebracht!

Was ist dagegen mein kleines Problemchen: dass ich kein Gefühl für meinen Körper und seine Bewegungen im Raum und einen miserablen Gleichgewichtssinn habe? Vermutlich hängt es damit zusammen, dass ich seit meinem neunten Lebensjahr extrem kurzsichtig bin und einen Astigmatismus im rechten Auge habe.

Der Augenarzt verschrieb mir damals Tabletten, mit der sich die Kurzsichtigkeit bremsen und aufhalten ließ, und eine Brille, so dass mein Problem behoben war und ich dem Unterricht an der Tafel folgen konnte. Doch beim Sportunterricht musste ich meine Brille abnehmen, und dann hatte ich ein Problem.

So zum Beispiel konnte ich nie nach der Kerze auf einem Schwebebalken aufstehen; mir wurde schwindlig, ich hatte keine Orientierung und kein Gleichgewicht da droben.

Wenn ich über einen Kasten oder ein Pferd springen sollte, bremste ich den Sprung jedes Mal auf dem Kasten oder Pferd ab, weil ich das Gefühl hatte, ins Leere hinein zu springen. Ich sah und spürte nicht, wo genau ich auf der anderen Seite landen würde.

Genauso ging es mir bei der Hockwende mit Absprung am Stufenbarren. Da droben hing ich, eine Hand auf den oberen, die andere auf den unteren Holm gestützt, und mir wurde jedes Mal dabei schwindlig, so dass ich nicht sah und spürte, wohin ich mich schwang und wo ich auf der anderen Seite aufkommen würde.

Wie ich für meine körperliche Ungeschicklichkeit oder eher Gehemmtheit von den Schülerinnen und Schülern meiner Klasse gehänselt und verspottet wurde, kann sich wohl ein jeder vorstellen…

Das Einzige, was mir seinerzeit im Sportunterricht gefiel und woran ich Freude hatte, war rhythmische Sport-gymnastik, Jazztanz, Ballettübungen; alles, was mit Musik und Tanz zu tun hatte und sich auf festem Grund und Boden abspielte.

Natürlich sah meine Sportlehrerin in der Grundschule, dass ich ein Problem hatte, und teilte es meinen Eltern mit. Doch sie sagten zu mir nur: „Stell dich nicht so an! Reiß dich zusammen und sei nicht so zimperlich!"

Also war ich selbst schuld an meiner Misere, war dafür selbst verantwortlich. Nur: Ich mag mich während meiner Schulzeit geplagt und geplagt und gequält und gequält haben, es ging einfach nicht!

Es ist nicht so, dass ich eine offensichtliche Behinderung habe wie etwa eine spastische oder Querschnittslähmung. Aber irgendwie fehlt zwischen meinem Geist, meinem Willen und meiner Seele einerseits und meinem Körper andererseits eine wichtige Verbindung.

Jedenfalls war ich froh, als ich meine Schulzeit an der Haupt- und Realschule hinter mir hatte, die für mich im Sportunterricht die Hölle auf Erden war. Als ich mit sechzehn Jahren mein Elternhaus verließ und nach Coburg zog, um dort die Auslandskorrespondentenschule für angehende Fremdsprachenkorrespondenten in Englisch und Französisch zu besuchen, und danach noch ein zweijähriges Aufbaustudium in Erlangen zur Übersetzerin in beiden Sprachen dranhängte, ist mir kein Stein, sondern ein ganzes Gebirge vom Herzen gefallen, dass ich den Sportunterricht endlich los war und nie mehr dorthin zurückmusste!

Aber bei mir war es nur ein Leiden im Geiste, kein physisches, das Schmerzen verursachte.

Frida Kahlo hat sechsunddreißig Jahre ihres Lebens unter höllischen Schmerzen zugebracht und wurde von ihren Ärzten mit Operationen, Streckbetten und Gipskorsetten gefoltert!

Hätte ich nur ein Jahr so leben müssen wie sie, wäre ich wohl von irgendeinem Turm hinuntergesprungen. Jedem, der höllische Schmerzen hat und sich irgendwann die Kugel gibt, kann ich es nachfühlen, und es würde mir nicht im Traum einfallen, sie oder ihn als Schwächling oder Feigling zu verunglimpfen.

So wie der eine Mann aus unserem Dorf, der Magenkrebs im Endstadium hatte und sich eines Morgens an einem Baum erhängte... Er hat einfach die Reißleine gezogen, als er die Schmerzen nicht mehr aushielt, die mit Krebs im Endstadium verbunden sind und nur mit hohen Dosen Morphium oder Cannabis eingedämmt wer-den können. Doch das gab es damals in unseren Krankenhäusern noch nicht. Und gestorben wäre er sowieso!

Nicht so Frida Kahlo! Jedes Mal, wenn ihr Leiden sie niederwarf, stand sie wieder auf, und sobald sie wieder auf den Beinen stand und gehen konnte, warf sie sich in eine ihrer prächtigen, schweren Trachten aus Oaxaca, legte ihren aktuellen Lieblingsschmuck an, den ihr Mann ihr zuletzt geschenkt hatte, und durchstöberte die Märkte von Mexico City nach frischem Gemüse, Obst, Kräutern und Gewürzen.

Es gibt ein hinreißendes Buch von Guadalupe Rivera, Tochter des Malers Diego Rivera: *Die Fiestas der Frida Kahlo*. Darin erzählt sie vom Leben im blauen Haus in Coyoacan, zeigt Bilder aus der Küche, die ihre Stiefmutter sich einrichten ließ und in der sie wunderschönes Kochgeschirr hortete.

Für Guadalupe Rivera war Frida Kahlo alles andere als die böse Stiefmutter; eher waren beide einander in herzlicher Freundschaft zugetan. Guadalupe wird nie müde zu erzählen, dass Frida bis zum Ende ihres Lebens ein lebenslustiges, weltoffenes und fröhliches Menschenkind war, das für sein Leben gern kochte und ihren Mann, die Arbeiter in seinem Atelier sowie alle Gäste, die sie besuchen kamen, mit den köstlichsten Gerichten verwöhnte.

Es sind dort Gerichte aufgeführt, bei deren Anblick und Rezept mir das Wasser derart im Munde zusammen-läuft, dass man damit den Fußboden wischen könnte. Nur kommen wir hier in Deutschland, auch nirgendwo sonst in Europa, an das Obst und Gemüse, die Kräuter und Gewürze, die es drüben in Mexico gibt. Trotzdem sollte mir vielleicht das eine oder andere Gericht eines Tages gelingen…

Das Buch *Die Fiestas der Frida Kahlo* erinnert mich sehr an *Bittersüße Schokolade* von Laura Esquivel. Auch dort geht es um bestimmte Kochrezepte, die mit einer hinreißenden, ergreifenden Liebesgeschichte verknüpft sind. Zu den Rezepten, die in *Bittersüße Schokolade* aufgezeichnet sind, hätte der Theaterkritiker Alfred Kerr, dessen Rezensionen zu den Theater- und Operninszenierungen seiner Zeit noch heute literarischen Wert genießen und der wohl ein ebenso großer Gourmet vor dem Herrn war wie ich es bin, bestimmt gesagt: „*Schlllllllfffff!*"

Und es wurden im blauen Haus in Coyoacan rauschende Feste gefeiert, worin die Mexikaner wahre Meister sind. In Mexico ist der Jahreskalender gespickt mit Festen und Feiern, nicht nur die des

Kirchenjahres; sie machen praktisch jedes Ereignis in ihrem Leben zum Anlass für ein Fest, bei dem getafelt und gebechert wird und die Mariachi ihre Lieder spielen und singen.

Das höchste aller Feste ist in Mexico nicht etwa Weihnachten oder Ostern, sondern Allerheiligen. Hierin zeigt sich das Erbe der Maya und Azteken bis auf den heutigen Tag, denn wie die alten Ägypter hegten auch diese Völker die Überzeugung, dass der leibliche Tod des Menschen nur ein Übergang, ein Weg in eine andere Daseinsform ist. Auch das Bild, das die Mexikaner sich vom Leben im Jenseits machen, ist noch heute so einfach und erdverbunden wie bei den alten Ägyptern: Sie setzen voraus, dass ihre Verstorbenen drüben dasselbe mögen, gerne tun und bei sich haben wie hier. Mit diesem Bild vom Jenseits könnte mich anfreunden....

Deshalb laden die Hinterbliebenen ihre dahingegangenen Familienangehörigen und Verwandte an Allerheiligen ein, mit ihnen zu feiern und kochen die Gerichte, die sie zu Lebzeiten mochten, spielen und singen ihre Lieb-lingslieder. Und weil alle Verstorbenen, die man geliebt hat, an diesem Tag wieder da sind, ist Allerheiligen in Mexico kein Tag der Trauer, sondern ein fröhliches, ausgelassenes Fest. Das sieht man unter anderem an den skurrilen, makabren und zugleich zum Schreien komischen kleinen Skeletten aus Zucker, die es um Allerheiligen in jedem mexikanischen Laden gibt.

Neben der Küche und den Genüssen des Gaumens liebte Frida Kahlo alles, was schöne Farben hatte. Sooft und so lange es ihr möglich war, reiste sie gemeinsam mit ihrem Mann durch ihre Heimat Mexico, um die Kultur der Maya und Azteken mit ihren Mythen, Sitten und Gebräuchen zu erforschen.

Von jedem Ausflug brachten die Riveras Artefakte, Keramikwaren und Schmuck aus präkolumbianischer Zeit mit. Auf gut Deutsch: Aus der Zeit, bevor Christoph Columbus den amerikanischen Kontinent entdeckte und nach ihm die Portugiesen und Spanier kamen, um Mittel- und Südamerika auszuplündern und ganze Völker ihres Besitzes und ihrer Geschichte zu berauben und ihnen den katholischen Glauben überzustülpen.

Frida und Diego gehörten damals zu den ersten nicht-indigenen Lateinamerikanern, die sich für die versunkene Kultur der Maya und

Azteken brennend interessierten und versuchten, die Überbleibsel dieser uralten Kulturen zu retten und für die Nachwelt zu bewahren. Auch das war etwas, das Frida sich ihr Leben lang bewahrte: ihre Freude an geheimnisvollen alten Kulturen und Mysterien. Auch das ist ein Wesenszug, den ich mit ihr teile.

Diego Rivera war bereits berühmt, als sie ihn kennenlernte, und hat sie als Malerin entdeckt und gefördert. Nach ihrer Eheschließung reisten sie gemeinsam durch die USA und Europa, um ihre Gemälde zu präsentieren. Doch indigene Kulturen waren Frida ihr Lebtag lieber als die der nordamerikanischen *Gringos* – für sie war es eher eine nicht vorhandene Kultur - und die der europäischen Länder, die sie als überzüchtet und dekadent empfand.

Wie man an den Gemälden sieht, die Frida Kahlo der Welt hinterlassen hat, malte sie am häufigsten sich selbst, weil es neben den Freuden der Sinne eben auch jene langen Zeiten gab, in denen sie ans Krankenbett oder den Rollstuhl gefesselt war. Gewiss kamen in ihren Selbstporträts ihre Leiden zum Ausdruck, doch so hart, bitter und zum Maskulinen tendierend, wie sie sich darstellte, war sie nicht und sah auch nicht so aus.

Was würde wohl ein Betrachter auf Anhieb sagen, wenn er dieses Bild sieht? Ein wenig traurig, aber auf ihre eigene Art eine wunderschöne Frau!

Zwei Dinge gab es wohl, die ihr immer wieder auf die Beine halfen und sie so lange durchhalten ließen: Zum einen hat sie ihr Leben lang immer Dinge gesucht und gefunden, die sie in vollen Zügen genießen konnte. Zum anderen hatte sie Menschen um sich, die sie liebten und Anteil an ihrem Leben und Schaffen nahmen, vor allem und mehr als alle anderen ihr Mann Diego. Er war ihr in sexueller Hinsicht nicht treu und hat sie damit zutiefst verletzt. Sie zahlte es ihm mit gleicher Münze heim. Doch was ihre Malerei und ihre Persönlichkeit anging, stand er sein Leben lang hinter ihr, unterstützte und förderte ihre Pläne und Vorhaben, wo und wie er nur konnte.

Und was ihre Herzen und Seelen anbelangt, waren Frida und Diego einander, ob sie wollten oder nicht, bis zum Ende in Liebe verbunden, genau wie Tita und Pedro in *Bittersüße Schokolade*. Wer einmal wissen möchte, wie echte, tiefe Liebe aussieht: Es gibt ein Bild von den beiden, in dem Frida in einem Klinikbett liegt, Diego sich über sie beugt und beide sich küssen. Mit welch glühenden, einander voll und ganz hingegebenen Augen die zwei einander dabei ansehen! Solche Blicke kann man nicht „machen" oder vortäuschen!

9. WAY-AY-O ! – Bob Marley

Es war im Jahr 2017, als zwei junge Biologen von der Universität Hamburg sich mit einer neuen Spinnenart befasste, die an der Küste Westaustraliens lebt. Während sie die Spinne untersuchten und ihre Eigenarten und Lebensgewohnheiten in ihrem Forschungsbe-richt zusammenfassten, lief im Hintergrund der Song „High Tide, Low Tide" von Bob Marley und den Wailers.

Da das Lied die Lebensverhältnisse der Spinne recht gut trifft – sie fristet tagein, tagaus mühsam ihr Dasein zwischen Ebbe und Flut -, nannten sie die neuentdeckte Spezies *desis bobmarleyi*. Hier ist sie:

Hm. Jede Menge Haare hat die Spinne ja schon, aber derjenige, der ihr als Namenspate diente, hat doch um einiges besser ausgesehen, wie der Amazon-Kalender von 2019 beweist, der ihn als „Topmodel" zeigt:

Offen gestanden, hätte ich ihn beinahe ganz und gar verpasst. Als er 1981 mit nur sechsunddreißig Jahren seinen Kampf gegen den Krebs verlor, war ich dreizehn Jahre alt und begann erst, mich für die aktuelle Rock- und Popmusik aus dem nicht-deutschsprachigen Raum zu interessieren; bis dahin gab es für mich nur die „Hitparade" mit Dieter Thomas Heck, allenfalls die „Disco" mit Ilja Richter. Und in solchen Sendungen trat er nicht auf.

Und dann wurde der Reggae, kaum dass Bob Marley starb, zu seichtem, belanglosem Gute-Laune-Pop verharmlost und verniedlicht, so dass ich diese Musik nicht ernst nahm und an mir vorbeirieseln ließ. Das einzige, was mir von ihm in Erinnerung blieb, waren seine unverwechselbaren Dreadlocks.

Dreadlocks sind eine langwierige Prozedur, die ein ganzes Wochenende ausfüllen kann, falls man nicht weiß, was man sonst mit seiner Zeit anfangen soll. Die Zeit, die man dafür braucht, hängt davon ab, wie lang das Haar ist oder werden soll, falls man Extensions einbaut.

Zuerst werden alle Haare strangweise vom Ansatz ausgehend in viele kleine Zöpfe geflochten, die Rastazöpfe. Viele Leute lassen sie so, weil es ihnen schon reicht, wenn wenigstens die fertig sind. Um aus Rastazöpfen Dreadlocks zu machen, muss man jeden Zopf vom Haaransatz bis zu den Spitzen immer wieder mit kleinen Kämmen und Bürsten und zwischen den Fingern drehen, walken und zwirbeln, bis die Haarstruktur bricht, sich in eine Flaschenbürste verwandelt und man keine Haare mehr auf dem Kopf hat, sondern die Fangarme eines Oktopus.

Sind die Dreadlocks dann endlich fertig, gibt es zwei Möglichkeiten: Entweder sie bleiben für den Rest des Lebens so verzwirbelt, denn auseinander bekommt man sie nicht mehr. Oder - falls man von dieser Mode genug hat oder etwa eines Tages die Gemeinschaft der Rastafari verlässt - man lässt sie vom Haaransatz her herauswachsen und schneidet sie ab, wenn das nachgewachsene Haar lang genug ist.

Da diese Oktopus-Fangarme im Alltag hinderlich sein können, wickeln Rastafari sie auf und verstauen sie unter einem riesigen gehäkelten Turban, ähnlich wie die Sikhs in Indien. Auch sie lassen ihr Haar aus religiösen Gründen nie abschneiden und so lang wachsen, wie es mag.

Die Rastafari-Religion ist ein Ableger des Juden- und Christentums, der ursprünglich aus Westafrika kam, aber auf dem gesamten schwarzen Kontinent verbreitet ist und auf Jamaika eine eigene Ausprägung entwickelt hat; z.B. mit einer Sprache, die für Außenstehende, die ihre grammatikalischen Formen und Eigenheiten nicht kennen, kaum verständlich ist.

Sie stützt sich sowohl auf das Alte Testament als auch auf die Offenbarung des Johannes im Neuen Testament; ihre Anhänger glauben, dass Haile Selassie, der einstige, schon lange verstorbene

Kaiser von Äthiopien, eine fleischgewordene Verkörperung Jahwes war.

Rastafari leben vegan, erhalten ihren Körper als einen Tempel Gottes gesund und nehmen weder Alkohol noch harte Drogen zu sich. Der einzige Genuss, den sie sich gönnen, ist Marihuana oder Cannabis, nicht wirklich, um sich damit zuzudröhnen, sondern um Frieden und geistige Klarheit zu erlangen. Zumindest glauben sie, dass man beides erlangt, wenn man einen Joint oder Bong raucht.

Mitreden kann ich dabei nicht, denn ich habe noch nie Gras oder Hanf geraucht und auch keine Lust darauf. Doch in München gibt es seit Anfang 2019 am Isartor einen kleinen Laden, in dem man Cremes, Duschbäder, Kekse, Schokolade und natürlich Rauchwerk kaufen kann. Das heißt, bei uns ist jetzt das Hanf frei!

Allerdings kommt bei diesen Produkten nur der Wirkstoff CBD zum Tragen, der zwar schmerzlindernd und entspannend wirken soll, aber keine berauschende oder auch nur benebelnde Wirkung hat. Cannabis mit dem Wirkstoff THC, der erst durch eine besondere Art der Fermentierung freigesetzt wird und für Rauschzustände sorgen soll, ist in Deutschland nach wie vor gesetzlich verboten. Neugierig wie ich bin, habe ich mir eine Tüte Kaubonbons besorgt und zwei probiert. Ich finde, dass Cannabis einen beklemmenden Geruch und einen unangenehmen stumpf-bitteren Geschmack hat. Mein Fall ist es nicht und wird es nie werden!

Aber zurück zu Bob Marley. Schließlich bestand er nicht ausschließlich aus Haaren und Rauchwerk! Dass *One Love* und *Buffalo Soldier* von ihm stammten, wusste ich seinerzeit gerade noch.

Leider sind die Strophen und der Rhythmus von *Buffalo Soldier* so verhäkelt und schwierig, dass man sie sich nur schwer merken kann, geschweige denn sie nachsingen. Schon blamabel, dass von einem seiner bekanntesten Lieder bei mir nichts im Kopf hängenblieb als:

„WAY-AY-O!
WAY-AY-AY-O!
WAY-AY-AY-AY-AY-AY-AY-O!"

Und auch das verblasste mit der Zeit.

Im Jahr 2016 ergab es sich, dass ich am Samstag vor Pfingsten beim Klangfest dabei war, einem kostenlosen ganztägigen Musikfestival im Gasteig, bei dem viele junge und unbekannte Musikgruppen, Solisten und Bands aus München und Oberbayern auftreten.

Nach Einbruch der Dunkelheit sollte im Innenhof des Gasteigs auf einer großen Kinoleinwand mit einer Collage verschiedener Konzertaufzeichnungen an Bob Marley erinnert werden, der in diesem Jahr siebzig Jahre alt geworden wäre. Auch diese Kinoveranstaltung war gratis, man musste nur rechtzeitig vor Ort sein, um sich einen guten Platz vor der Leinwand zu sichern. Ich hatte Zeit und dachte: „Warum nicht, wenn es nichts kostet?"

Und so sah ich den *Rastaman*, dessen *vibrations positive* waren, an einem lauen Frühsommerabend zum ersten Mal bewusst. Ich sah, wie er sich auf der Bühne wand und schlängelte wie ein biegsames, elastisches Seil, wie er tänzelte und zuweilen hüpfte wie ein Flummi.

Böse Zungen haben behauptet, Reggae-Musik bestünde nur aus einer Melodie, und nur anhand des Textes könne man ein Lied vom anderen unterscheiden. Es ist aber nicht die Melodie, sondern der Rhythmus, der immer gleichbleibt, dieses schaukelnde, wippende „Doo-wap, Doo-wap", an dem man Reggae sofort erkennt.

Wir in Deutschland verbinden Reggae hauptsächlich mit Heiterkeit, Sonnenschein und guter Laune. Gewiss war Bob Marley auch das – und was für ein Lächeln und Lachen aus seinen Augen, seinem ganzen Gesicht strahlte!

Doch ich sah auch seine stolze, freie Haltung, wenn er mit seiner Gitarre über der Schulter auf der Bühne erschien und ans Mikrofon trat, und den tiefen Ernst, in dem er immer wieder versank.

Und die Texte seiner Lieder mögen einfache Botschaften gewesen sein, doch seichtes, belanglos dahindümpelndes Tralala waren sie nicht.

So sang er zum Beispiel:

> „It's not all that glitters is gold;
> Half of the story has never been told!
> And now you've seen the light -
> Stand up for your rights!"

oder

> „You're running and you're running and you're running away,
> You're running and you're running and you're running away,
> You're running and you're running and you're running away
> But you can't run away from yourself!

oder

> „The road of life is rocky,
> Once you may stumble, too,
> The moment you point your finger,
> Someone else is judging you!"

Er sah sein Publikum nur selten an, wenn er sang. Fast immer hielt er dabei die Augen geschlossen oder legte eine Hand über seine Augen, als stelle er sich der Musik und den Worten ganz und gar zur Verfügung, lasse sie durch sich hindurchströmen und diene nicht seinem Publikum, sondern ausschließlich dem, was er zu sagen bzw. zu singen hatte.

Nicht alle seine Verse sind auf seinem Mist gewachsen. Aber an dem Abend habe ich erkannt, dass er kein Wort gesungen hat, das er nicht so meinte und an das er nicht glaubte. Und dass er ein einfacher Mann war, aber weder hohl noch dumm!

Vor allem hat er ein Leben lang für die Armen, Geknechteten und Unterdrückten gesungen und ihnen Hoffnung gegeben. Mehr noch: Das Geld, das er mit seinen Konzerten verdiente, hat er mit vollen Händen an bedürftige Freunde und Bekannte ausgeschüttet und auf Jamaika

Schulen und Stiftungen für begabte Kinder aus armen Familien gegründet, die seine Erben bis heute weiterführen und erhalten.

Und er hat sich für Frieden und Freiheit buchstäblich mit Leib und Leben eingesetzt. In den 1970er Jahren, als auf Jamaika zwischen Schwarz und Weiß blutige Kämpfe tobten, wurde sein Haus in Kingston überfallen und er und seine Frau angeschossen. Nur einen Tag später stand er wieder auf der Bühne. Schließlich gelang es ihm, den weißen Gouverneur Jamaikas und den schwarzen Oppositionsführer auf die Bühne zu bringen und in einem Händedruck zu vereinen.

Dabei war er nie ein sauertöpfischer Moralapostel. Er liebte es, um die Welt zu reisen, essen zu gehen, zu feiern und andere Menschen kennenzulernen, und noch mehr die Frauen - so sehr, dass er sein genetisches Material großzügig über ganz Jamaika und weltweit verteilt hat. Doch keine Frau, die seine Geliebte war, nannte ihn je einen sexbesessenen oder auch sexistischen Weiberhelden. Kaum eine hat ihm seine nicht vorhandene Treue ernsthaft übelgenommen, nicht einmal seine gesetzlich angetraute Frau.

Neben der Musik und den Frauen liebte er Fußball über alles; ja, er war ein hervorragender Fußballspieler, der eine Profikarriere hinlegen hätte können - bis er sich die große Zehe an einem Dorn in seinem Stollenschuh ver-letzte. Die Wunde an seiner Zehe wollte und wollte nicht heilen, und lange hat man an ihr herumgedoktert, bis er sich schließlich im Krankenhaus untersuchen ließ.

Es handelte sich um ein malignes Melanom, sprich Hautkrebs. Da er regelmäßig Joints geraucht hat, wäre Lungenkrebs naheliegend und nachvollziehbar gewesen, aber ein Melanom ist bei einem Afro-Jamaikaner eine sehr seltsame Krebsart. Die Haut von Afrikanern ist durch die dunkle Pigmentierung weit besser geschützt als weiße Haut; ja, man kann sagen, Hautkrebs ist eine Krankheit, die hauptsächlich Weiße befällt.

Wie auch immer, als das Melanom bei ihm diagnostiziert wurde, hatte es schon Metastasen in seine Leber, seine Lunge und sein Gehirn gestreut.

Dennoch gab er Konzert um Konzert, wobei ihm niemand ansah, dass er ein todgeweihter Mann war. Ohne Zweifel traf auf ihn zu, was er einmal gesagt hat: „When the music hits you, you feel no pain." In die

Musik konnte er sich immer retten, sie war seine Zuflucht, sein Lebenselixier.

Und er hätte so gerne noch länger gelebt. Also entschied er sich für eine holistisch-ayurvedische Behandlung in einer Spezialklinik bei Rottach-Egern am Tegernsee, die leider nicht half. Im April 1981 teilten ihm die Ärzte mit, dass sie nichts mehr für ihn tun konnten. Das Einzige, was ihn vielleicht gerettet hätte, wäre die Amputation seines Fußes gewesen. Doch was hätte es genutzt, wenn sich die Metastasen zu der Zeit schon in seinem Körper ausgebreitet hatten? Außerdem waren die Möglichkeiten und Verfahren in der Behandlung damals noch nicht so weit gediehen wie in unserer Zeit. Das vergessen jene, die heute mit klugen Ratschlägen um sich werfen: „Hätte er / Wenn er damals /- Warum hat er nicht…" Wenn ihm nicht einmal die Spezialärzte helfen konnten, die bestimmt alles versucht haben, was in ihrer Macht stand, woher hätte *er* als medizinischer Laie wissen sollen, was ihm sonst noch helfen hätte können?

Doch er durfte erleben, dass sein größter und kühnster Traum Wirklichkeit wurde. Als Rhodesien sich von der britischen Krone löste und zum unabhängigen Staat Zimbabwe wurde, lud ihn die neue Regierung unter Robert Mugabe ein, mit seinen Wailers auf der Unabhängigkeitsfeier ein Konzert zu geben. Zu der Zeit verfügte er noch über genügend Kraft und Durchhaltevermögen, um aufzutreten. Vor allem aber war es für ihn die größte Ehre, die ihm im Leben je zu Teil wurde, was ihm noch einen zusätzlichen Energieschub verlieh. Auf Youtube habe ich das Konzert der Wailers in Zimbabwe gesehen. Da strahlt der ganze Mann von Kopf bis Fuß, sieht so glücklich, ja selig aus wie ein Kind unter dem Weihnachtsbaum und steht dermaßen unter Strom, dass sich seine sämtlichen Dreadlocks senkrecht aufgestellt hätten, wenn man ihn an dem Abend an eine Steckdose angeschlossen hätte.

Bob Marley würde wollen, dass man sich so an ihn erinnert, dessen bin ich mir sicher: Ein Mann, der Freude und Glück aus seinem Leben schöpfte, so lang und so viel er konnte, und der anderen genauso viel Freude und Glück schenkte, wie er es selbst empfand. Darüber hinaus bin ich mir sicher, er würde sich wünschen, dass man seine Worte aus *„Could You Be Loved?"* nicht vergisst, die gerade in unseren Tagen so aktuell und relevant sind wie schon lange nicht mehr:

> *„Don't let them fool ya or even try to school ya, You got a mind of your own!"* (...)= *„Don't let them change ya or even rearrange ya..."*

10. In einem unbekannten Land - Karel Gott, die goldene Stimme von Prag

Im Abschnitt „Aus Böhmens Goldener Stadt" in meinem Buch *EUROPRISMA – Meine Seelenreisen* habe ich ausführlich geschildert, wieviel mir Prag bedeutet.

So rasch und so sehr ist mir diese Stadt ans Herz gewachsen, dass ich entweder dortbleiben muss oder nie mehr dorthin darf, weil mir jeder Abschied derart in der Seele wehtut, dass der DB-Reisebus auf der Rückfahrt von Prag nach München bitte niemals die *Moldau* spielen möge. Ich könnte zu heulen anfangen und nonstop bis München nicht mehr aufhören... Im Tschechischen gibt es die Redensart, dass Heimweh - *touhá po domové* - unheilbar ist, und ein bisschen was ist dran.

Von Juli bis November 2019 habe ich mich auf die Abschlussprüfungen meines Studiengangs an der IHK-Akademie München und Oberbayern vorbereitet, so dass ich in dieser Zeit selten online war, sondern ganz analog Stoff wiederholte und Prüfungsaufgaben vorheriger Jahrgänge bearbeitete.

Dennoch kam die Nachricht, dass Karel Gott, die goldene Stimme von Prag, am 2. Oktober 2019 gestorben ist, bei mir an und hat mich tief berührt. Immerhin kenne ich ihn und seine Stimme seit meiner Kindheit vom Biene-Maja-Lied aus der gleichnamigen Serie.

Wenn meine Großmutter auch bis zum Ende ihres Lebens Angst vor den Tschechen hatte: Bei Karel Gott machte sie eine Ausnahme.

Ihn mochte sie, vor allem sein Lied „Babička". Und eine „Babička" - weniger eine, wie er sie besingt, eher so, wie Božena Němcková ihre Großmutter in ihrem gleichnamigen Buch beschreibt - war meine Großmutter für mich auch.

Karel Gott war ein klassisch ausgebildeter Tenor, und wie mir als Kind schrille, grelle Töne zusetzten, habe ich in meinem Beitrag *I'm Never Ever Saying Goodbye* ausführlich geschildert. Doch seine Tenorstimme konnte ich ertragen, weil sie selbst in den höchsten Tönen niemals grell oder schrill klang. Sie war hell und klar, aber dabei so weich und sanft wie das Licht der Sonne an einem milden Frühlingstag.

Dabei wäre er eigentlich gerne Maler geworden! Doch als junger Mann wollte er ebenso gern gut essen, sich elegant kleiden und die Welt sehen und sagte sich, dass ihm dies mit seiner ausgebildeten Gesangsstimme eher gelingen würde denn als Maler. Zwar liebte er seine Malerei, schätzte sie aber nicht so hoch ein, als dass er damit Geld verdienen hätte können und wollen. Immerhin hat er einmal eine Ausstellung mit Bildern aus seiner Gemäldegalerie präsentiert und ist mit ihr durch ganz Deutschland gereist. Auch in München wurden seine Bilder gezeigt, doch leider muss ich zugeben, dass ich mich nie wirklich für sie interessiert habe. Heute bedaure ich es.

Ich muss etwa zehn Jahre alt gewesen sein, als er in einer Musikshow einmal *Maria* aus *West Side Story* in einer deutschen Fassung gesungen hat - mit einer Weichheit, Wärme und Reinheit, wie ich dieses Lied von keinem Sänger vor oder nach ihm je wieder gehört habe. Und wie heiter, schwerelos und unbeschwert klingt diese Stimme, wenn sie auf den Tönen von *Einmal um die ganze Welt* in den Äther hinaussegelt!

In Deutschland wurde es ab 2002 um ihn stiller; aber in ganz Tschechien war er überall und ständig präsent. Dort sang er nicht nur Schlager, auch Jazz, Pop und Rock, so dass eines Tages der deutsche Rapper Bushido auf ihn aufmerksam wurde. Bushido, den nicht wenige Leute für einen ungehobelten Klotz mit bedenklichen politischen Tendenzen halten -

dabei verstecken sich hinter seiner harten Macker-Fassade Verse und Gedanken mit erstaunlichem Tiefgang -, sang mit Karel Gott *Für immer jung*, und es entstand ein sehr eigenwilliges, widerborstiges Werk, das im Gedächtnis haften bleibt.

Nach und nach bekam ich mit, dass Karel Gott wohl tatsächlich der Grandseigneur war, den er auf den Bühnen unzähliger Schlagerparaden verkörperte. Er liebte gutes Essen, Feste und sein Haus in Smíchov. Vor allem aber liebte er Frauen, nicht nur eine, sondern alle. Als eine tschechische Illustrier-te einmal einen Artikel über all seine Affären mit Models und Damen der Gesellschaft veröffentlichte, nahm er ihn sehr gelassen hin und meinte nur, in dem Artikel sei diese und jene Dame gar nicht er-wähnt, mit der doch seinerzeit auch etwas gewesen sei...

Er muss wohl der begehrteste Junggeselle von ganz Prag gewesen sein, doch lange Zeit konnte und wollte er sich für keine Frau entscheiden. Erst als er Ende Sechzig war, tat er es doch und heiratete eine gut dreißig Jahre jüngere Frau, mit der er sich in seinem Haus hoch über den Dächern der Stadt niederließ und die zwei Töchter zur Welt brachte, die heute dreizehn und elf Jahre alt sind.

Bestimmt hätte er gerne mit seiner Familie noch ein langes, geruhsames Leben geführt; immerhin hatte er zwei kleine Kinder, die er aufwachsen sehen wollte. Doch leider wollte es das Schicksal anders. Er bekam Lymphdrüsenkrebs, gegen den er jahrelang zäh und mutig gekämpft hat.

Also hat auch er am eigenen Leib erfahren und durchlitten, was hinter *The Show Must Go On* steht. Also hat auch er sein Leiden und seine Kämpfe zum Großteil mit sich allein ausgemacht und hatte dabei nur seine Familie und seine engsten Freunde hinter sich.

2016 schien es, als hätte er den Kampf gewonnen; zumindest erklärten ihn seine Ärzte für geheilt. Doch 2019 schlug der Krebs erneut zu und griff die Bauchspeicheldrüse an. Genau die Art Krebs, die noch heute ein sicheres Todesurteil ist.

Nach seinem Tod habe ich im Internet gestöbert, um meinen Erinnerungen ein wenig nachzuhängen, und sah und hörte mir auf Youtube das Lied *Srdce nehasnou* (Herzen verlöschen nicht) an, das er im Juli 2019 mit seiner dreizehnjährigen Tochter Charlotte Ella Gottova im Duett gesungen hat. Am Ende des Liedes singt er sehr leise und hintergründig: *„Manchmal weiß man, was Gott vorhat."*

Er hat genau gewusst, dass ihm nicht mehr viel Zeit bleibt und wollte seiner Tochter dieses Lied als Trost und bleibende Erinnerung schenken. Der Mann hatte Haltung und Stil, erst recht seine Tochter, die zu dem Zeitpunkt wohl auch wusste, wie es um ihren Vater stand!

Nach seinem Tod hoffte ich, dass irgendein deutscher Sender das Requiem im Veitsdom live übertra-gen würde, und suchte auf allen Kanälen, aber nein! Katastrophen, Krisen und Konflikte werden von allen Medien und Sendern in aller Ausführlichkeit verbreitet, aber wenn sich eine Stadt, ja, ein gan-zes Land friedlich und würdevoll vereint, um eines Mannes zu gedenken, der in seiner Heimat und weit über die Grenzen Tschechiens hinaus geliebt, ja verehrt wurde, fällt solch ein Ereignis offensicht-lich unter den Tisch.

Wer sich das Requiem für Karel Gott live ansehen möchte, dem bleibt nichts anderes übrig, als auf Youtube „Zadušni mše za Karla Gotta" aufzurufen. Unter diesem Titel wurde es vom tschechischen Fernsehen in voller Länge aufgezeichnet, vom Beginn des Trauergottesdienstes bis zu dem Moment, als die Wachsoldaten der Prager Burg seinen Sarg langsam und gemessen hinaustrugen, in den Wagen brachten und der Wagen langsam und gemessen vor dem Veitsdom losfuhr.

Inzwischen habe ich herausgefunden, dass kein anderer als Karel Gott das *Moldau*-Motiv von Bedřich Smetana als Lied gesungen hat. Nachstehend möchte ich im Gedenken an ihn den Originaltext hier festhalten, und für alle, die des Tschechischen nicht mächtig sind, auch die gleichrangige deutsche Fassung.

Genau das Lied, das wohl bis an Ende meines Lebens in mir widerhallen wird:

Vltava

Znám kraj, kde zlátne réva

a poutník netuší,

že proud řeky se vlévá

tam večer do duší.

Znám kraj, kde vláček píská

a čas tě nehoní.

Už vím, proč se mi stýská,

když louky zavoní.

Já vím, že jednou svážu krátký

vor borový

a proud mě sám už vrátí zpátky

z hor do rovin.

Kam, kdo to ví,

kam, kdo to ví,

zpátky k nám, zpátky k nám!

Tam, kde si řeka zpívá

svou píseň v moruších

a když se večer stmívá,

Die Moldau

Die Täler meiner Heimat

Die Wälder und die Höh'n

sind voll von tausend Sagen,

die unser Strom geseh'n.

Seit langen, langen Zeiten

fließt er durch unser Land,

geheimnisvoll gewebtes,

so silberhelles Band.

Erzählt von der Vergangenheit,

von Freude und Leid,

vom langen Lauf sich auszuruh'n

fand niemals er Zeit.

Was immer geschieht,

nie verklingt dieses Lied,

nie verklingt dieses Lied!

Die Sonne schenkt am Tage

ihm wunderbaren Glanz,

am Abend sehen die Wellen

já slzu osuším.	der goldenen Sterne Tanz.
Já vím, že jednou svážu krátký	Der Regen und der Sonnenschein,
vor borový	die Wolken, der Wind
a proud mě sám už vrátí zpátky	sind Freunde auf dem Weg,
z hor do rovin.	der unentwegt neu beginnt.
Kam, kdo to ví,	Was immer geschieht,
kam, kdo to ví,	nie verklingt dieses Lied,
zpátky k nám, zpátky k nám.	nie verklingt dieses Lied.

Děkuju vám, Mistr!

Ich danke Ihnen, Meister!

Printed in Poland
by Amazon Fulfillment
Poland Sp. z o.o., Wrocław